# 日本書紀と古事記

## 誰が人と神の物語をつくったか

### 林 順治

えにし書房

# はじめに

　本書は3つの仮説をベースにして上梓した。1つは『応神陵の被葬者はだれか』（1990年、増補新版『百済から渡来した応神天皇』2001年）で明らかにされた、日本古代国家は朝鮮半島から渡来した新旧2つの渡来集団によって建国された」という石渡信一郎の説である。この説は日本書紀と古事記に依存する従来の日本古代国家の起源＝天皇の歴史と大きく異なる。

　2つは井原教弼（工学畑の在野の研究者）が明らかにした「干支一運60年の天皇紀」という古代王権論である。

　井原教弼は大和書房の季刊誌『東アジアの古代文化』（1985年42号・特集古代王権の構造）で、田村圓澄・上田正昭・吉野裕子ら錚々たる研究者の論文に交じって「第7代孝霊天皇から第16代応神天皇までの10代600年は、干支は辛未に始まり庚午に終わる60年の10個の万年ごよみを並べたものであった」という、"歴史改作のシステム"を発表した。井原教弼の論文の詳細については本書第1章で具体的に説明する。

　3つはフロイトが最晩年の著作『モーセと一神教』で明らかにした「心的外傷の二重性理論」である。フロイトの『モーセと一神教』は、ヒトラーがオーストリアに侵攻する2年前の1937年頃から書き始め、ロンドン亡命後の1939年に出版された。この本のテーマは「モーセは1人のエジプト人であった」という説である。石渡信一郎の「応神陵の被葬者は百済人である」という説に類似する。

　フロイトのモーセ＝エジプト人説は、文庫本として渡辺哲夫訳の『モーセと一神教』（ちくま学芸文庫、2003年）と中山元訳『モーセと一神教』（光文社古典新訳文庫、2020年）が市販され、広く読者に知られるようになった。しかし"モーセを語る人はフロイトを語らず、フロイトを語る人はモーセを語らず"で、長い間その価値は認められなかった。

フロイトは「心的外傷の二重性理論」について「2つの民族集団の合体と崩壊。すなわち最初の宗教は別の後の宗教に駆逐されながら、後に最初の宗教が姿を現し勝利を得る。すなわち民族の一方の構成部分が心的外傷の原因と認められる体験をしているのに、他の構成部分はこの体験に与からなかったという事実の必然的結果である」と指摘している。

本書では「最初の宗教は別の後の宗教に駆逐されながら、後に最初の宗教が姿を現し勝利を得る」というフロイトの説を石渡信一郎の命題「朝鮮半島から渡来した新旧2つの渡来団による古代国家の成立」に援用した。

朝鮮半島から先に渡来した旧の加羅系集団は崇神の霊アマテル神を祀り、後に渡来した新の百済昆支王を始祖とする百済系集団は応神＝昆支の霊＝八幡神を祭った。645年の乙巳のクーデターで蘇我王朝3代（馬子・蝦夷・入鹿）が滅ぼされてからは、旧のアマテル神はアマテラスとして登場した。

またフロイトは「心的外傷」を次のように言い換えている。「心的外傷のすべては5歳までの早期幼年時代に体験される。その体験は通常完全に忘れ去られているが、心的外傷→防衛→潜伏→神経症発生の経過をたどる。人類の生活でも性的・攻撃的な内容の出来事がまず起こり、それは永続的な結果を残すことになったが、とりあえず防衛され忘却され、長い潜伏期間を通して後、発生すなわち出現する」。

晩年のフロイトはそれまでの神経症研究の集大成として、神経症状に似た結果こそ宗教という現象にほかならないという仮説を立てた。私自身が神経症にかかったことがあるのでよく理解できる。この体験は『天皇象徴の起源と〈私〉の哲学』（2019年）に書いたのでご覧いただきたい。

これら石渡説、井原説、フロイト説を合わせると、日本の正史とも言われる日本書紀の「アマテラスを祖とし神武を初代天皇とする万世一系天皇の物語」の虚と実を識別できると信じている。

従来、日本書紀と古事記は、「古事記は古く、日本書紀は新しく、別々に編纂された」とされ、「記紀」と表記されてきた。

しかし本書では「日本書紀が主、古事記が従であり、天武天皇によって

構想され、藤原不比等によってプロデュースされた」という意味合いを込め、タイトルは「日本書紀と古事記」（「紀記」）に逆転したことをお許しいただきたい。

# 日本書紀と古事記　目次

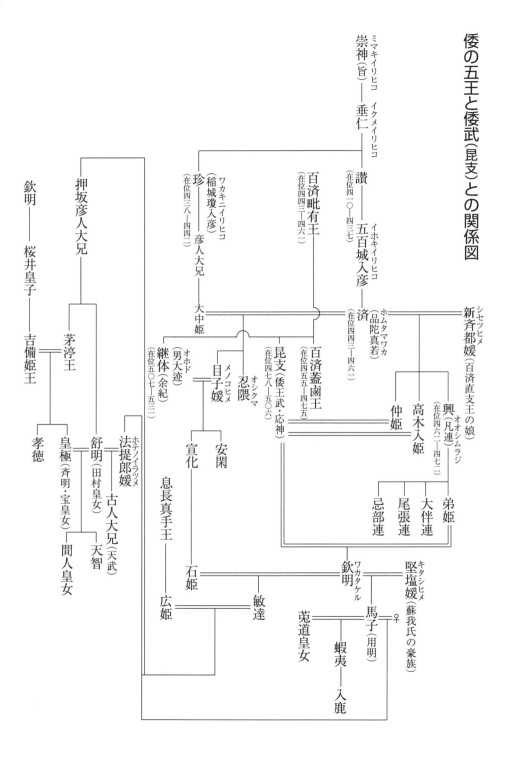

倭の五王と倭武（昆支）との関係図

# 序　章　新旧2つの渡来集団と古代日本

## 1　ヤマトタケルの歌

### ◈上山春平の着想

　学徒動員で海軍の人間魚雷「回天」特攻隊に配属された経験をもつ上山春平は、1972年（昭和42）7月『神々の体系』（中公新書）を出版し、その年の5月、同じ研究仲間の梅原猛が『隠された十字架──法隆寺論』（新潮社）、翌年在野の古田武彦が『邪馬台国はなかった』（朝日新聞社）を出版した。戦後まもなく江上波夫が唱えた騎馬民族日本征服説に似た古代史ブームが沸き起こったのである。

　上山春平は梅原猛より5歳年上だから、2人は学徒動員世代ともいえる。上山春平の執筆のきっかけは、出撃中の潜水艦内で読みふけっていた古事記であった。古事記神代の巻が「ある体系的プランをもっている」ということに、突然気がついたのである。

　それは東国遠征に派遣された景行天皇の子ヤマトタケル（倭建）が能褒野で遺した歌「命の全けむ人は畳薦平群の山の熊白檮が葉を髻華にさせその子」（命の無事な人は平群の山の大きな樫の木の葉をかんざしに挿せ、お前たちよ）への共感であった。

　復員して間もなく、上山春平は紀州の田舎での静養中にその着想の展開と裏づけに取りかかった。すなわちヤマトタケルの像と悲劇を背負うオオクニヌシ（大国主命）やスサノオ（須佐之男命）の像が重なり、その心情の系譜にイザナミ（伊邪那美）やカミムスヒ（神産巣日）に結びついて、根の国系の神々の系譜ができあがり、これとパラレルな形になっている高天原系の神々の系譜に気づいたのであった。

古事記に登場する神々の体系的系譜について、上山春平は津田左右吉の
『上代日本の社会及び思想』を引用して次のように説明している。

　　根の国系と高天原系という2つの系譜を軸としてシンメトリックに
　構成された古事記の神統譜のあまりにも体系的な構造に感銘を受け
　た私は、あれは単なる神話や昔話なのではなくて、そういう姿を借り
　た一種の哲学なのではなかったのか、という疑問を抱くようになった。
　　そうだ、あれは、あれを作った人たちが、ひとつの願望もしくは理
　想として心に抱いていた国家のイメージ、つまり国家の理念というも
　のを、神話めいたボキャブラリーを用いて描いた国家哲学なのだ。私
　はしだいにこうした想いを深めるようになった。
　　その頃の近親の古代史家に、津田左右吉の記紀研究にかんする大著
　を借用して、この極度に冷徹な史家が、意外にも、記紀の神代の巻に
　ついて、私と似通う意見をいだいていることを知って、驚き、かつ共
　感をおぼえた。

上山春平が指摘する津田左右吉の『上代日本の社会及び思想』の文言と
は次の通りである。

　　神代史が皇室の権威の由来を説くために作られたものであること
　は、かねてから余の主張していることであるが、それは神代史そのも
　のからいうと、その全体が皇祖及び皇孫の物語であって、皇孫は国家
　統治の権威を以てこの国に現れ、皇祖はその権威の起源として生れ、
　また《イザナキ》《イザナミ》の2柱はこの国土及び皇祖神の生みの
　親として現れたことになっていて、一貫した精神と整然たる順序と
　を以て構成され、主要なる一々の物語は此の全体の構成と有機的関係
　も持っていることによっても明らかである。（傍点は上山春平）

## ❖根の国系と高天の原系

　この箇所の説明として上山春平は津田左右吉の「神代史が皇室の権威の由来を説くために作られたものである」という仮説をあげ、その証左として「一貫した精神と整然たる順序を以て構成されている」という事実を指摘している。

　上山春平によれば、津田が「記紀」の神代の巻はその作者たちの国家哲学の表現であると言っているわけではなく、また、神代の巻の構造は上山が言うように、根の国系と高天原系という２つの系譜を軸として体系的に構成されているといっているわけでもない。しかし神代史が一種のイデオロギー＝セオリーに基づいていることに津田は着目しているのである。

　上山春平は津田のこのような着目点に共感を覚えたが、「記紀」の制作の意図について津田の主張する「神代史が皇室の権威の由来を説くため」という見解については、判断中止の態度をとっている。

　上山春平が作った古事記の系統図によればアメノミナカヌシ（天之御中主神）からカムヤマトイワレヒコ（神倭伊波礼毘古命）までの系統を高天原系Ａ、根の国系をＢとすると、

　Ａはタカミムスヒ（1）→イザナキ（2）→アマテラス（3）→ニニギ（4）

　Ｂはカミムスビ（1）→イザナミ（2）→スサノオ（3）→オオクニヌシ（4）

となり、（1）、（2）、（3）、（4）はそれぞれ対になっている。したがって上山にとっての独自な作業は、古事記神代のこれら４組のアメノミナカヌシからイワレヒコまでの縦の関係を明らかにすることであった。

　このような上山の考察方法が成功

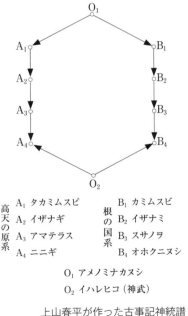

| 高天の原系 | | 根の国系 | |
|---|---|---|---|
| $A_1$ | タカミムスビ | $B_1$ | カミムスビ |
| $A_2$ | イザナギ | $B_2$ | イザナミ |
| $A_3$ | アマテラス | $B_3$ | スサノヲ |
| $A_4$ | ニニギ | $B_4$ | オホクニヌシ |

$O_1$　アメノミナカヌシ
$O_2$　イハレヒコ（神武）

上山春平が作った古事記神統譜
（『神々の体系』より）

したかどうかは、おいおい明らかにするとして、津田左右吉の着想を受けた上山春平の思考方法は画期的であることは間違いない。なぜなら上山は、古事記において得た独自の思考方法が日本書紀にも適用できることを知ったからである。上山は古事記と日本書紀の冒頭の文章を比較することによって、「紀記」の神統譜の構成原理の一部に老荘風の宇宙発生論のロジック借用の共通性を見つけた。

## ※日本書紀と古事記の類似

上山春平によれば、古事記序の文章について本居宣長は「それは古事記のつくられた時代のシナ風の慣習に従った虚飾であって古事記本文に記された正実と無縁である」と指摘し、かつ古事記本文は「古の実のありさま」を伝えることを旨としているのに対して、日本書紀のほうは「シナの正史に似せた国史に仕立て上げることをねらいとしている」と断定している。

上山春平は、本居宣長の古事記と古事記序の相違に関する見解は納得できないことはもちろん、「皇国は、万の国の本、万の国の宗とある御国なれば、万の国々にわたりて、正しきまことの道は、ただ皇国にこそ伝はりたれ」(『玉勝間』7巻)といった本居国学は受け入れることができないとしている。

たしかに古事記は、その内容も「古事記」というタイトルにふさわしい、8世紀の当時からみれば古代史というべき5世紀以前の歴史を取り扱ってはいるが、大化の改新や壬申の乱のような出来事を詳細に記述した日本書紀とは際立った対照をなしている。しかし「記紀」は本居宣長が言うような異質なものではない、と上山春平は確信する。

上山春平は古事記と日本書紀という2つの書物は、外見的にも内容的にもさまざまな相違を示しているのにもかかわらず、どちらも作られた時期がきわめて近接し、かつどちらも天皇を頂点とする朝廷によってつくられた書物であると結論づけている。この上山の考察は津田左右吉からの着想からさらに進歩した画期的なものであった。

　2つの書物の出現する8年の間に天皇は元明（在位708–714）から元正
（715–723）にかわったが、上山春平が指摘するように、一貫して政治の実
権を握っていたのは、大宝律令と養老律令（藤原仲麻呂が759年施行）の
制作をリードしていた藤原不比等を中心とする一族であったことは歴然と
している。

　そうであれば古事記の編纂者太安万侶、日本書紀の編纂者舎人親王のい
ずれも律令の作成と平城京造営の推進力となった藤原不比等グループの国
づくりのデザインの枠外にあり得るものではなかったのである。


## 2　渡来国家古代日本の二重構造


### ※フロイトの二重性理論

　アマテラス誕生の秘密は、晩年のフロイトが「モーセは1人のエジプト
人であった」という想定のもとに書いた『モーセと一神教』の心的外傷（トラウマ）の
二重性理論と、石渡信一郎の命題である「朝鮮半島からの新旧2つの渡来
集団による日本古代国家成立」によって説明できると、私は考えている。
もうひとつ、本書の構成に決して欠かすことのできない井原教弼の「干支
一運の60年の天皇紀」である。

　したがって本書は、石渡説とフロイト説と井原説の3つを鼎（かなえ）として構
成していることを前もって伝えておきたい。日本古代国家成立の秘密を解
くことがいかに難しいか。『神々の体系』で「記紀の神代の巻の構造が根
の国と高天原系という2つの系譜を軸として体系的に構成されている」と
した上山春平が、津田左右吉の「神代史が皇室の権威の由来を説くために
造られた体系的フィクションである」という仮説を踏み台にしながらも、
その解明に成功したとは言えない。

　なぜなら上山春平は「紀記」（日本書紀と古事記）編纂当時、8世紀初頭
の政局における藤原不比等の圧倒的な役割を前提にして、タカミムスヒが
藤原不比等、アマテラス（天照大神）が元明天皇、アメノオシホミミ（正

哉吾勝勝速日天忍穂耳）が文武、ホノニニギ（天津彦彦火瓊瓊杵）が聖武天皇とし、あるいはまたアマテラスは持統、アメノホシホミミは草壁、ホノニニギは文武に対応させている。

　上山春平は藤原不比等が古事記及び日本書紀のプロデューサーであることは認識していたが、不比等と日本書紀編纂者が仕組んだ万世一系のアマテラスを祖とし神武を初代天皇とする「干支一運 60 年の天皇紀」（井原教弼説、1985 年）と「新旧 2 つの朝鮮からの渡来集団による国家形成」（石渡信一郎説、1990 年）を認知していなかった。井原教弼については第 1 章の「干支一運 60 年の天皇紀」に譲ることにして、フロイト説と石渡説についてはその概略を説明させていただく。

　フロイトの心的外傷の二重性理論とは「2 つの民族集団の合体と崩壊。すなわち最初の宗教は別の後の宗教に駆逐されながら、後に最初の宗教が姿を現し勝利を得る。これらのすべての二重性は第 1 の二重性、すなわち民族の一方の構成部分が心的外傷（トラウマ）の原因と認められる体験をしているのに、他の構成部分はこの体験に与（あず）からなかったという事実の必然的結果である」という説である。

　フロイトによる「2 つの民族集団の合体と崩壊による宗教の二重性」については、本書第 4 章の「アマテラスとタカミムスヒ」で「紀記」神話と日本古代史の具体的事例の中で検証し、石渡信一郎の命題「朝鮮半島からの新旧 2 つの朝鮮渡来集団による日本古代国家の成立」については、日本古代史の構造的な枠組みに符号（A・B・C・X）を付して、ここで説明しておくことにする。

　なぜなら石渡信一郎の説「新旧 2 つの渡来集団による日本古代国家の成立」をあらかじめ説明しておかなければ「第 1 章　干支一運 60 年の天皇紀」は理解することが困難になる。石渡説と井原説はセットになっているからである。


※先に渡来した加羅系集団
西暦 240 年前後の女王卑弥呼（ひみこ）を盟主とする九州北部の邪馬台国（やまたいこく）に居住す

る倭人と九州南部一帯のハヤト（隼人）、そして日本列島本土（主に関東・東北地方）に住むエミシ（蝦夷）などを含む集団（縄文・弥生系）をXとする。そして新旧２つの先に渡来した南加羅からの集団をAとする。しかし断っておかなければならないのは、加羅系渡来集団の一部は北部九州を南下して鹿児島から沖縄列島まで進出していることである（本書「終りに」を参照）。

崇神＝旨を初代王とする加羅系渡来集団Aは九州邪馬台国の卑弥呼を滅ぼし、瀬戸内海を東進して370年前後奈良纏向（まきむく）に都を作った。そして崇神＋垂仁と倭の５王「讃・珍・済・興・武」の崇神の子垂仁と垂仁の子倭讃（景行）は卑弥呼が魏からもらった銅鏡に似せて三角縁神獣鏡を作った。

奈良纏向に都を作った加羅系渡来集団の残存勢力は関東地方の北部（前橋市天神山古墳）、南部（川崎市白山古墳・千葉県木更津市手古塚古墳）、さらに東北地方の福島（会津大塚山古墳）、仙台市（遠見塚古墳）、名取市（雷神山古墳）、岩手県水沢の角塚古墳まで進出している。これら加羅系渡来集団は自らのシンボルである三角縁神獣鏡を遺している。

昨今、断続的に奈良県桜井市の纏向遺跡の発掘調査によって大型建物遺跡が見つかったと報道されているが、新聞・テレビは「邪馬台国の中枢施設の見方が強まっている」という考古学者・文献史学者の発言を奇貨として、纏向遺跡＝邪馬台国、箸墓古墳＝卑弥呼の墓としている。


◈後に渡来した百済系集団

さて「新」の百済からの渡来集団であるBのグループとは、鴨緑江右（おうりょくこう）岸の扶余族（ふよ）を出自とする百済蓋鹵王（在位 455-475）の弟昆支（こむき）（余昆）と余紀の２人の兄弟を王とする百済系渡来集団である。百済蓋鹵王は475年高句麗長寿王（在位 431-491）に殺害され、百済は漢城（ソウル）から南の熊津（ユウシン）（公州）に遷都した。

しかし百済の２人の王子（昆支と余紀）は、その14年前の461年に「旧」の加羅系渡来集団Aの崇神・垂仁を始祖とする倭の５王「讃・珍・済・

興・武」の倭王済のもとに婿入りした。当時、倭王済は石川と大和川の合流する河内南部の左岸羽曳野一帯を本拠としていた。伝応神陵（誉田陵）と接している仲津山古墳（伝仲姫陵）の被葬者は倭王済である。

　加羅系渡来集団Ａの始祖王崇神は桜井市の箸墓古墳、垂仁は渋谷向山古墳、讃は行燈山古墳、珍は奈良市北部の五社神古墳の被葬者と推定される。

　これら大王の巨大古墳は三輪山西山麓の桜井を起点する山辺の道に沿って北上して珍の五社神古墳のある奈良の佐紀古墳群を最後に、河内南の石川と大和川の合流するその左岸の倭王済の仲津山古墳へと移動する。かくして倭王済に婿入りした昆支の弟の余紀＝継体は河内湖の干拓に専念し大阪平野の原型をつくった。

　一方兄の昆支＝倭王武は倭国における領土拡大と母国朝鮮半島の失地回復に獅子奮迅の活躍をし、加羅系崇神王朝Ａを継承して百済系王朝Ｂを建て、その初代王倭王武（隅田八幡鏡銘文の日十大王）となった。倭王武は倭の５王「讃・珍・済・興・武」の武（日本書紀の応神）である。したがって応神＝昆支＝倭王武である。

　倭王武（昆支）は羽曳野の誉田陵（伝応神陵）に埋葬され、弟の継体（隅田八幡鏡銘文の男弟王）は兄を継いだのち堺の大山古墳（伝仁徳陵）に埋葬される。誉田陵と大山陵（伝仁徳陵）の実年代は500年から510年代である。

　昆支（余昆）の弟余紀＝継体は507年に即位し、531年まで在位した。しかし、昆支（応神陵系）と継体＝余紀（仁徳陵系）は、のちに前者は百済昆支系Ｂ-1、後者は百済継体系Ｂ-2とに分かれ、皇位継承をめぐって激しく対立するようになる。その対立を決定的にしたのは531年の昆支大王晩年の子ワカタケル大王（欽明、稲荷山鉄剣銘文の獲加多支鹵大王）による辛亥のクーデターであった。

## 3　倭国最大の辛亥のクーデター

### ❖三輪山に祭られた昆支＝倭王武の霊

　昆支大王晩年の子欽明は、継体天皇の死の直前か直後の531年（辛亥）に、継体の子安閑と宣化を殺害して加羅系地方豪族を制圧した。全国的な支配者ワカタケル大王となった欽明は、加羅系残存勢力の中臣氏・大伴氏・物部氏等を抑え、それまで三輪山に祀られていた加羅系始祖王崇神の霊（アマテル）を比売神（昆支の妻）とし、百済系王朝の始祖王の昆支の霊（八幡神）をオオモノヌシ（大物主神）として三輪山に祀った。

　531年の欽明＝ワカタケル大王の辛亥のクーデターは、乙巳（645年）のクーデター（いわゆる大化の改新）から114年 遡る新旧2つの渡来集団を巻き込む倭国最大の事件である。しかし万世一系天皇の物語を最大のテーマとする百済継体系 B-2 の日本書紀編纂者は、欽明を継体の子としてこの日本古代史上最大の辛亥のクーデターを隠蔽した。

　日本書紀によれば欽明（ワカタケル大王）は継体の子宣化の娘石姫を皇后として敏達天皇を生み、石姫亡きあと蘇我稲目の娘堅塩媛を后にして蘇我馬子（用明、聖徳太子）を生んだという。ワカタケル大王＝欽明天皇によるこのような矛盾する姻戚関係は、欽明自身が出自とする昆支系と継体系との和合統一を図るためであった。

　しかし敏達と馬子（用明、聖徳太子）は腹違いの兄弟である。したがって百済系倭王朝Bは再度、兄の昆支系蘇我系 B-1 と継体・敏達系 B-2 に分かれて、仏教戦争に名を借りた蘇我氏と物部氏（敏達の子彦人大兄、天智と天武の祖父）の皇位継承の争いを経て645年の乙巳のクーデターに至る（冒頭の「倭の5王倭武の関係図」参照）。

### ❖第1の虚構とトラウマ

　日本書紀が隠蔽したAの加羅系渡来集団の存在を理解するためにはフロイトの説が役に立つ。なぜなら最初の加羅系渡来集団Aは邪馬台国と

エミシ国（X）を侵略・制圧したにもかかわらず、あたかも邪馬台国を平和裏に継承したかのように、卑弥呼が魏から貰った銅鏡に見せかけて三角縁神獣鏡を作り倭国内の各族長に配布した。

　なぜ偽の鏡を作らなければならなかったのか。当時、邪馬台国（卑弥呼）は中国（魏）を宗主国とする冊封体制下にあった。したがってAによるXの侵略と支配が明らかになれば、宗主国中国の報復の対象（口実）になるからである。

　そのためA集団は自分たちが朝鮮半島から渡来したという事実を隠さなければならず、国の内外に自らが倭国（邪馬台国）を出自とする証拠品（三角縁神獣鏡）を作らなければならなかった。出雲の神原神社（島根県雲南市加茂町）の境内から出土した景初3年（239）銘のある三角縁神獣鏡がその最たる証拠品の1つである。

　このようなA集団の作為が可能だったのは宗主国中国が約140年も続く激動の五胡十六国時代（304-439）に突入し、さらに南朝（宋）と北朝に分裂したからである。この間、朝鮮半島は高句麗を先頭に、続いて百済・新羅が建国し、倭国もやや遅れて三輪山山麓の纏向に建国した。西暦350年前後である。

　加羅系渡来集団Aによる隠蔽工作は、乙巳のクーデターで昆支大王を始祖とする蘇我王朝3代（馬子・蝦夷・入鹿）Bを打倒したCグループ（継体系の天智・天武・持統＋加羅系残存勢力藤原鎌足）に引き継がれた。

　従来、加羅系渡来集団Aはアマテル神（アマテラスではなく、タカミムスヒ）を祀っていた。したがって辛亥のクーデター（531年）→乙巳のクーデタ（645年）→大宝律令（701年）を経て、アマテル（タカミムスヒ＝崇神の霊）→八幡神（応神・昆支の霊）→アマテラスに代わった。

　この百済系継体王統Cこそ「日本」（倭→日本）をつくり、アマテラスを祖とし、神武を初代天皇とする万世一系の天皇家の物語をつくった。最初に渡来した加羅系渡来集団の祭祀族の末裔藤原不比等が応神＝八幡神を否定してアマテラスをつくったことは、フロイトが指摘する「最初の宗教は別の後の宗教に駆逐されながら、後に最初の宗教が姿を現し勝利を得

る」という説に合致する。

　フロイトのいう「最初の宗教」とは加羅系渡来集団の始祖崇神＝アマテル神であり、「後の宗教」とは百済系渡来集団の祖昆支＝応神の八幡神である。アマテラスを母とする万世一系の天皇であるＣの構造はＸ＋Ａ＋（B-1＋B-2）である。アマテラスを祖とする万世一系の物語であるためには、朝鮮半島から渡来して邪馬台国を滅ぼした加羅系渡来集団Ａの史実とＡを引き継いだ百済系渡来集団Ｂの史実も隠さなければならない。

　つまり卑弥呼の邪馬台国Ｘを滅ぼしたというＡの心的外傷（トラウマ）をＢの百済系渡来集団が受け継ぎ、さらにＣ集団も受け負わなければならなかった。Ｃのグループはこの２つの心的外傷（虚構）を癒すためにアマテラスを祖とする天壌無窮の万世一系の物語をつくった。さらにＣを引き継いだ聖武天皇＋光明皇后（藤原不比等の娘）Ｄによる東大寺大仏＝東大寺盧舎那仏像（大日如来＝アマテラス）については「終章　アマテラスと八幡神」で述べることにする。

　このようにして「記紀」編纂グループＣは、どうしても百済系渡来集団Ｂの核心である531年の欽明天皇＝ワカタケル大王による531年の辛亥のクーデターと昆支王を始祖とする蘇我王朝３代（馬子・蝦夷・入鹿）と昆支＝応神＝倭武の出自を隠蔽せざるを得なかった。

　そのトラウマは現在私たちの時代まで引き継がれている。その最たる考古学的証拠は、稲荷山鉄剣銘文の辛亥年が531年の辛亥年ではなく、471年の辛亥年とされ、国宝隅田八幡鏡銘文の癸未年が503年か433年か確定できないのは、銘文の「日十大王」が応神＝昆支＝倭王武であることが解けないからである。

　日本書紀と古事記に依存しているほとんどの考古学者と文献史学者は稲荷山鉄剣銘文の辛亥年を471年としている。稲荷山鉄剣銘文の辛亥年471年を干支一運60年繰り下げて531年の辛亥年にするならば、時代も人も状況もガラリと変わり、日本古代史の展望が開けるにもかかわらずである。残念ながらこれが今の日本古代史学界と文献史学者の実態である。

# 4　神武天皇歓喜の歌

## ※応神天皇5世の孫継体

　稲荷山鉄剣銘文の辛亥年が471年ではなく531年の辛亥の年であり、また隅田八幡鏡銘文の癸未年が503年であるならば、銘文の昆支＝日十大王が百済で生まれた王子であり、同時に隅田八幡鏡銘文の男弟王が日本書紀に記載されている男大迹王（継体天皇。在位507-531）が昆支王の実弟であることも明らかになる。

　するとAもBもCも元は朝鮮半島を出自としていることでは同じであることを告白しなければならず、万世一系天皇の物語が破綻する。事実、日本書紀編纂者は継体（余紀）が応神（昆支）の実弟であるにもかかわらず、継体を応神の5世の孫として切り離して、生誕地を近江国高嶋郷三尾野（現在の滋賀県高島市あたり）とし、継体が育てられた地を母の故郷越前高向（現在の福井県坂井市丸岡町高椋）とした。

　そのため兄昆支（応神）の生年（440年）を干支四運（60年×四運＝240年）繰り上げ、邪馬台国の卑弥呼を神功皇后にみせかけるため西暦200年とし、応神は神功皇后の子とし、その生まれた地を宇瀰（現在の福岡県糟屋郡宇美町）としている。

　ちなみに応神の母神功の和風諡号オキナガタラシヒメ（気長足姫）の「気長」は、「オキナガ＝息長」と読み、古事記は息長帯比売命である。息長氏は近江国坂田郡（現在の滋賀県米原市）を根拠地とした豪族で継体天皇との婚姻関係を結び、その子孫は日本書紀と古事記の編纂にも大きく関係している。

　蘇我王朝3代の馬子・蝦夷・入鹿は単なる出自不明の豪族出身の大臣に貶しめられ、馬子の墓（石舞台古墳）は暴かれ、エミシにいたっては東北に住む先住民蝦夷の名をつけられ、その子入鹿の首塚は飛鳥寺に近い田圃で今も観光客の目にさらされている。

　蘇我王朝3代（馬子・蝦夷・入鹿）の差別と蔑視の反対給付（代償）とし

て、推古天皇と聖徳太子が創作された。特に仏教王としての馬子の存在と力は否定しきれず、紀記編纂者は藤原不比等の指導の下、天皇と太子の役割を担う女性天皇推古と厩戸王＝聖徳太子という架空の分身をつくり、さらにそれらを象徴する物語としてイザナキとイザナミの子アマテラスを祖とする初代天皇神武までの「天孫降臨天壌無窮」の神話を付け足した。

　しかし史実は天皇家の始祖王昆支の母国は百済であり、母国百済は敗北と離散と流浪のはて歴史上から潰えた国である。「物の哀れを知る心」が古（いにしえ）から現在までいかなる「あわれ」の解釈がされようと、百済の滅亡ほどあわれを誘う話はない。


### ※故郷喪失者の悦び

　天皇家の祖先がいかに辛酸、離別、喪失、労苦を経て倭国に渡来したかは、日本書紀神武天皇31年4月、神武が御所（ごせ）の腋上（わきがみ）で発した歓喜の言葉を知れば納得できるだろう。

　神武（日本書紀は神日本磐余彦、古事記は神倭伊波礼昆古）は日本書紀の継体系Ｃの編纂グループが創作した日本の建国者を象徴する架空の初代天皇（昆支＝応神＝倭王武＝ヤマトタケル）であるが、ここには辛酸を舐めた末に倭国にたどり着いた建国者の歓喜と安堵感が鳥瞰図（ちょうかんず）として描かれている。


　　「ああ、なんと美しい国を得たことよ。内木綿の本当に狭い国ではあるが、あたかも蜻蛉（あきず）が交尾している形のようでもあるよ」と言った。これによって秋津洲（あきずしま）という名が生じたのである。
　　昔、伊耶那岐尊（いざなきのみこと）がこの国を名づけて、「日本は浦安の国、細戈（くわしほこ）の千足（ちだ）る国、磯輪上（しわのかみ）の秀真国（ほつまこく）」と言った。また大己貴神大神（おおあなむち）は名づけて「玉垣（たまがき）の内つ国」と言った。饒速日命（にぎはやい）は、天磐船（あまのいわふね）に乗って虚空（あおぞら）を飛翔して、この国を見下ろして天降ったので、名づけて、「虚空見日本（そらみ）の国」と言った

この神武天皇31年4月の神武の歓喜の言葉について、井原教弼は季刊雑誌『東アジアの古代文化』（45号、大和書房、1985年）に掲載した論文「古代王権の歴史改作のシステム」で驚くべき考察を行っているので、次章でじっくり取り上げることにする。井原説によれば律令国家初期の日本書紀編纂者（藤原不比等ら）がどのようにして「アマテラスを祖（母）とする万世一系天皇の物語」をつくったのか、その核心に迫ることができるだろう。

# 第1章　干支一運60年の天皇紀

## 1　古代天皇はなぜ長寿か

### ※井原教弼の発見

　在野の工学畑の研究者井原教弼が作成した日本書紀の「天皇の年齢と在位年数」によれば、天皇の在位年数は干支一運（60年）サイクルで繰り返している。しかし見ての通り、各天皇の在位年数が60年きっかりに繰り返しているわけはでない。

　また在位年数はわかるが、年齢が「若干（いんぎょう）」の允恭・清寧・欽明の3人を含めて年齢不明の天皇が、仁徳・反正・安康・雄略・顕宗・仁賢・武烈・敏達・用明・崇峻・舒明・皇極・孝徳・斉明・天武など18名で、その数は神武から持統までの41名中約44％を占めている。

　年齢と在位年数がわかる初代神武から第15代応神までのなかで、仲哀天皇の在位年数の9年は特別短い。また初代神武は年齢127歳で在位は76年、第6代天皇孝安は137歳で在位は102年、第11代天皇垂仁は年齢140歳、在位は99年である。これら古代天皇

表1　天皇の年齢と在位年数表（日本書紀）

| 天皇 | 年齢 | 在位年数 | 天皇 | 年齢 | 在位年数 |
|---|---|---|---|---|---|
| 神武 | 127 | 76 | 安康 | | 3 |
| 綏靖 | 84 | 33 | 雄略 | | 23 |
| 安寧 | 57 | 38 | 清寧 | 若干 | 5 |
| 懿徳 | 77 | 34 | 顕宗 | | 3 |
| 孝昭 | 113 | 83 | 仁賢 | | 11 |
| 孝安 | 137 | 102 | 武烈 | | 8 |
| 孝霊 | 128 | 76 | 継体 | 82 | 25 |
| 孝元 | 116 | 57 | 安閑 | 70 | 2 |
| 開化 | 111 | 60 | 宣化 | 73 | 4 |
| 崇神 | 120 | 68 | 欽明 | 若干 | 32 |
| 垂仁 | 140 | 99 | 敏達 | | 14 |
| 景行 | 106 | 60 | 用明 | | 2 |
| 成務 | 107 | 60 | 崇峻 | | 5 |
| 仲哀 | 52 | 9 | 推古 | 75 | 36 |
| 神功 | 100 | 69 | 舒明 | | 13 |
| 応神 | 110 | 41 | 皇極 | | 4 |
| 仁徳 | | 87 | 孝徳 | | 9 |
| 履中 | 70 | 6 | 斉明 | | 7 |
| 反正 | | 5 | 天智 | (46) | 10 |
| 允恭 | 若干 | 42 | 天武 | | 14 |
| | | | 持統 | 58 | 11 |

で1番の長寿は垂仁天皇の140歳で、在位年数の最高は孝安天皇の102年である。

　ちなみに古事記には初代神武の即位（紀元前660）から第33代推古天皇の死去までの約1300年、33人（神功皇后を除く）の年齢が記録されているが、「若干」「不明」を含めて次に表にした（□は享年不明）。

①神武（137歳）　　②綏靖（47歳）　　③安寧（49歳）

④威徳（45歳）　　⑤孝昭（93歳）　　⑥孝安（123歳）

⑦孝霊（106歳）　　⑧孝元（57歳）　　⑨開化（63歳）

⑩崇神（168歳）　　⑪垂仁（153歳）　　⑫景行（137歳）

⑬成務（95歳）　　⑭仲哀（100歳）　　⑮応神（130歳）

⑯仁徳（83歳）　　⑰履中（64歳）　　⑱反正（60歳）

⑲允恭（78歳）　　⑳安康（56歳）　　㉑雄略（124歳）

㉒清寧（□）　　㉓顕宗（38）　　㉔仁賢（□）

㉕武烈（□）　　㉖継体（43歳）　　㉗安閑（□）

㉘宣化（□）　　㉙欽明（□）　　㉚敏達（□）

㉛崇峻（□）　　㉜推古（□）

　古事記記載の年齢表を見て気がつくことは、初代神武から第33代推古までの天皇のうち、第26代継体を除く第22代清寧から第33代推古10人の享年（死亡年）は不明である。しかも継体の享年については、日本書紀の82歳に対して古事記は43歳である。この大差は何を意味するのだろうか。いずれにしても、時代が新しくなるほど享年が不明ということは、何か不都合あるからにちがいない。

　ちなみに神武を除く綏靖から開化までは、〝欠史8代〟と呼ばれ、また仁徳・履中・反正・允恭・安康・雄略・清寧・顕宗・仁賢・武烈までの10人の天皇を不在天皇10人と呼ぶ研究者もいる。これら10人の天皇は『宋書』倭国伝（513年完成）に記載された倭の5王「讃・珍・済・興・武」

## 表2 『日本書紀』の歴代天皇の漢風・和風諡号と在位期間 (第45代まで)

| 代 | 漢風諡号 | 在位期間 | 和風諡号 |
|---|---|---|---|
| 1 | 神武 (ジンム) | BC660-BC585 | 神日本磐余彦 (カムヤマトイワレヒコ) |
| 2 | 綏靖 (スイゼイ) | BC581-BC549 | 神渟名川耳 (カムヌナカワミミ) |
| 3 | 安寧 (アンネイ) | BC549-BC511 | 磯城津彦玉手看 (シキツヒコタマテミ) |
| 4 | 懿徳 (イトク) | BC510-BC477 | 大日本彦耜友 (オオヤマトヒコスキトモ) |
| 5 | 孝昭 (コウショウ) | BC475-BC393 | 観松彦香殖稲 (ミマツヒコカエシネ) |
| 6 | 孝安 (コウアン) | BC392-BC291 | 日本足彦国押人 (ヤマトタラシヒコクニオシヒト) |
| 7 | 孝霊 (コウレイ) | BC290-BC213 | 大日本根子彦太瓊 (オオヤマトネコヒコフトニ) |
| 8 | 孝元 (コウゲン) | BC212-BC158 | 大日本根子彦国牽 (オオヤマトネコヒコクニクル) |
| 9 | 開化 (カイカ) | BC158-98 | 稚日本根子彦大日日 (ワカヤマトネコヒコオオヒヒ) |
| 10 | 崇神 (スジン) | BC97-BC30 | 御間城入彦五十瓊殖 (ミマキイリヒコイニエ) |
| 11 | 垂仁 (スイニン) | BC29-70 | 活目入彦五十狭茅 (イクメイリヒコイサチ) |
| 12 | 景行 (ケイコウ) | 71-130 | 大足彦忍代別 (オオタラシヒコオシロワケ) |
| 13 | 成務 (セイム) | 131-190 | 稚足彦 (ワカタラシヒコ) |
| 14 | 仲哀 (チュウアイ) | 192-200 | 足仲彦 (タラシナカツヒコ) |
| | 神功 (ジングウ) | | 気長足姫 (オキナガタラシヒメ) |
| 15 | 応神 (オウジン) | 270-310 | 誉田 (ホムタ) |
| 16 | 仁徳 (ニントク) | 313-399 | 大鷦鷯 (オオサザキ) |
| 17 | 履中 (リチュウ) | 400-405 | 去来穂別 (イザホワケ) |
| 18 | 反正 (ハンゼイ) | 406-410 | 瑞歯別 (ミズハワケ) |
| 19 | 允恭 (インギョウ) | 412-453 | 雄朝津間稚子宿禰 (オアサヅマワクゴノスクネ) |
| 20 | 安康 (アンコウ) | 453-456 | 穴穂 (アナホ) |
| 21 | 雄略 (ユウリャク) | 456-479 | 大泊瀬幼武 (オオハツセノワカタケ) |
| 22 | 清寧 (セイネイ) | 480-484 | 白髪武広国押稚日本根子 (シラカノタケヒロクニオシワカヤマトネコ) |
| 23 | 顕宗 (ケンソウ) | 485-487 | 弘計 (ヲケ) |
| 24 | 仁賢 (ニンケン) | 488-498 | 億計 (オケ) |
| 25 | 武烈 (ブレツ) | 498-506 | 小泊瀬稚鷦鷯 (オハツセノワカサザキ) |
| 26 | 継体 (ケイタイ) | 507-531 | 男大迹 (オホト) |
| 27 | 安閑 (アンカン) | 534-535 | 広国押武金日 (ヒロクニオシタケカナヒ) |
| 28 | 宣化 (センカ) | 535-539 | 武小広国押盾 (タケオヒロクニオシタテ) |
| 29 | 欽明 (キンメイ) | 539-571 | 天国排開広庭 (アメクニオシハラキヒロニワ) |
| 30 | 敏達 (ビダツ) | 572-585 | 渟中倉太珠敷 (ヌナクラノフトタマシキ) |
| 31 | 用明 (ヨウメイ) | 585-587 | 橘豊日 (タチバナノトヨヒ) |
| 32 | 崇峻 (スシュン) | 587-592 | 泊瀬部 (ハツセベ) |
| 33 | 推古 (スイコ) | 592-628 | 豊御食炊屋姫 (トヨミケカシキヤヒメ) |
| 34 | 舒明 (ジョメイ) | 629-641 | 息長日足広額 (オキナガタラシヒヒロヌカ) |
| 35 | 皇極 (コウギョク) | 642-645 | 天豊財重日足姫 (アメトヨタカライカシヒタラシヒメ) |
| 36 | 孝徳 (コウトク) | 643-654 | 天萬豊日 (アメヨロズトヨヒ) |
| 37 | 斉明 (サイメイ) | 655-661 | 天豊財重日足姫 (アメトヨタカライカシヒタラシヒメ) |
| 38 | 天智 (テンヂ) | 668-671 | 天命開別 (アメミコトヒラカスワケ) |
| 39 | 弘文 (コウブン) | 671-672 | |
| 40 | 天武 (テンム) | 673-686 | 天渟中原瀛真人 (アマノヌナハラオキノマヒト) |
| 41 | 持統 (ジトウ) | 686-697 | 大倭根子天之広野姫 (オオヤマトネコアメノヒロノヒメ) |
| 42 | 文武 (モンム) | 697-707 | 天之真豊祖父 (アマノマムネトヨオジ) |
| 43 | 元明 (ゲンメイ) | 707-715 | 日本根子天津御代豊国成姫 (ヤマトネコトヨクニナリヒメ) |
| 44 | 元正 (ゲンショウ) | 715-724 | 日本根子高瑞浄足姫 (ヤマトネコタカミズキヨタラシヒメ) |
| 45 | 聖武 (ショウム) | 724-749 | 天璽国押開豊桜彦 (アメシルクニオシハラキトヨサクラヒコ) |

と重なっているからである。したがって継体天皇以前の歴史は崇神を除いてその実体は極めて曖昧である。

日本書紀によれば清寧（480−484）の即位は480年であり、武烈（498−506）の死去は506年であることがわかる。つまり480年から506年までの26年間で4人の天皇が誕生し、その在位年数は平均6.5年ということになり、日本書紀の継体の年齢82歳に対して古事記の継体の年齢が43歳というのは際立つ違いである。

また日本書紀の継体（在位506−531）に続く直近の27代安閑（在位534−535）から推古（在位592−628）までの7人の天皇の年齢が不明なのも解せない。これら7人の天皇は実在したとしても、即位したのか、しなかったのか、虚構の疑いが否定しきれない。

いったい日本書紀と古事記の整合性をどう考えたらよいのだろうか。古事記は日本書紀とは別物であり、歴史ではなく文学、小説の分野に入るからだろうか。それにしてもなぜ、古事記は神武から始まり舒明の前の推古で終わるのか。またなぜ、日本書紀と同じ即位順番の配列になっているのだろうか。


◈古田武彦と安本美典の説

初代天皇神武から第16代応神までの古代天皇の長寿に関して、九州王朝説の古田武彦は『失われた九州王朝』で"2倍年暦"を唱えた。古田武彦によれば中国の史書に「倭人は正歳四節を知らず。但春耕秋収を計って年紀とする」と書かれているのは、倭人が春耕で1回年をとり、秋収でまた1回年をとるという。そして古田武彦はその理由について次のように書いている。

（「記紀」の編者が依拠した）原資料は、「2倍年暦」にもとづく寿命計算に基づくものであった。むろん、「記紀」の編者はすでにわたくしたちと同じ「1倍年暦」の世界に生きていた。したがって、かれらの目にもまた異様に見えたに違いないこれらの「2倍年暦」という本

26

質に対して、改変の手を加えず（傍点、原著者）、そのままの"流儀"
で記載したのである。


　井原教弻は、古田説の致命的な欠陥は、1年を6ヵ月とする"2倍年暦"
という本質に対しては改変の手を加えずに記録したはずの日本書紀が、な
ぜ"1倍年暦"で書かれているかについての合理的説明ができない点にあ
るとしている。
　また『卑弥呼の謎』（講談社）で数理学（数理文献学）的に神武天皇の実
在を証明しようとした安本美典は、神武から仁徳天皇までの平均在位年数
を61.9年、履中天皇から仁徳天皇までの平均在位年数を12.7年と計算し、
前者の在位年数は、後者に比べ明らかに不自然なのでこれを無視している。
　そこでアマテラス以降の世系数が正しいものと仮定し、統計的に推定さ
れる古代天皇平均在位年数を乗じて経過年数を求めると、アマテラスと卑
弥呼の活躍年代とが重なる。したがって安本美典はアマテラスと卑弥呼を
同一人物（分身）であるとしている。
　しかし平均値・標準偏差・信頼度等の統計学上の概念を導入し、"数理
文献学"の側面からアプローチして、数理的に正しく処理して出てくる結
論が正しいということにはならない。推理の前提として導入している「ア
マテラス大神以降の歴代の世系数は正しい」という仮説自体があやしいか
らである。
　いずれにしてもとてもややこしい説明になる。ひと息ついて、参考に
「天智が兄で天武（大海人）が弟だが、実際は天武が天智より早く生まれ
た」ことを明らかにした佐々克明（1926-1986）や、鈴木武樹を紹介する。
　佐々克明は1949（昭和24）朝日新聞社入社、1981年（昭和58）退社。
在職中の1976年『天皇家はどこから来たか』（二見書房）を出版して、朝
鮮からの渡来集団による古代国家の形成」の仮説を発表、1983年（昭和
58）『養老元年の編集会議』（PHP研究所）によって持統天皇の後見人と
なった藤原不比等を編集長とする紀記編纂委員会の実態をノンフィクショ
ンとして描いた。

佐々克明とほぼ同じような説を展開した異色の在野の研究者に鈴木武樹（1935-1978。明治大学教授、ドイツ文学）がいる。氏は1972年（昭和47）後藤孝典（弁護士）・金達寿（作家）・李進熙（朝鮮大学校講師、古代史研究）らと「東アジアの古代文化を考える会」を設立した。その成果は2年後の1974年『東アジアの古代文化』（大和書房）に結実し、氏の『日本古代史99の謎』（サンポウ・ブックス、1975年）、『偽られた大王の系譜』（秋田書店、1975年）は読者に大きな影響を与えた。鈴木武樹は『偽られた大王の系譜』の「まえがき」で次のように書いている。

　　人間の社会と国家の発展を1つの連続として捉えようとする姿勢はなく、6世紀の前葉以前には存在しなかった虚構の"ヤマト王朝"と"天皇家"とに対して日本書紀が付与したさまざまな物語を、いかにして辻つまが合うように説明しようとする、学問とはどれほども関係のない推理ゲームばかりが横行してきたのである。
　　また『三国史記』・『三国遺事』など朝鮮文献がまったく無視されてきたことも、これまでの日本古代史の大きな欠陥の1つである。とくに干老の神話、直支と未期欣との倭国への人質など、『日本書紀』と『三国史記』・『三国遺事』に共通して現れる記事すら、この国の国史学者たちによって一顧も与えられていないのは、どうしたことであろうか。
　　これでは、それらの事件を取り上げれば、事の当然のなりゆきとして、前記の朝鮮文献を重視せざるをえなくなるので、それがこわくて、あえて目をつむっているのではないかと勘繰りたくもなる。

　私がなぜ佐々克明や鈴木武樹をここで取り上げるかというと、2人は石渡信一郎と井原教弼と同じように従来の「記紀」（古事記と日本書紀）の「アマテラスを祖とし神武を初代天皇とする万世一系天皇の物語」を根源的にその系譜と出自を考えようとしているからである。
　そればかりか4人はほぼ同世代であり、在野の古代史研究者であったか

らだ。佐々克明は新聞記者、鈴木武樹はプロ野球の解説者、J・D・サリンジャーの翻訳者、そして政治にも関心を持つ。石渡信一郎は都立高校の英語教師、井原教弼は工学畑の会社員であった。

### ※なぜ60年の倍数なのか？

それでは本題に入ることにする。表1では空位が省略されている。ある天皇が死亡しても翌年に次の天皇が即位しない場合、即位前に空白が生じるが、大化元年までに6ヵ所の空位がある。綏靖〔3年〕、孝昭〔1年〕、仲哀〔1年〕、仁徳〔2年〕、允恭〔1年〕、安閑〔2年〕である。これら空位の期間も在位年数に加えて計算すると、表1から表3を作ることができる。

第1代神武天皇から第35代皇極天皇までの在位年数を合計すると1305年になる。いうなれば皇紀2600年の半分、万世一系の半分にあたる。ちな

表3　非年号時代の編年（神武から皇極まで）

| グループ | 天皇 | 在位年 |
|---|---|---|
| 第1グループ | 1 神武――　6 孝安 | 370 |
| 第2グループ | 7 孝霊――11 垂仁 | 360 |
|  | 12 景行 | 60 |
|  | 13 成務 | 60 |
|  | 14 仲哀――15 応神 | 120 |
| 第3グループ | 16 仁徳――17 履中 | 95 |
| 第4グループ | 18 反正――30 敏達 | 180 |
|  | 31 用明――35 皇極 | 60 |
| 合計 |  | 1305 |

みに「皇紀2600年」は西暦1940年（昭和15年、干支庚辰）が神武天皇の即位から2600年にあたる。表3の終末の皇極天皇4年が日本で初めて年号（元号ともいう）が用いられた大化元年（645）である。

しかし第1グループ370年と第3グループを除いた840年間は、360年・60年・60年・120年・180年・60年という"60"の倍数になっている。なぜ60年の倍数なのか？　井原教弼は次のように説明している。

まず、最初に第2グループの合計600年間に注目したい。『常陸国風土記』の茨城郡名起原の条に「息長帯比売天皇（おきながたらしひめ）」、『摂津国風土記』逸文の住吉の条に「息長帯比売天皇、住吉の大神現出でて云々」とあり、同じく美奴売松原の条に「息長帯比売天皇」とある。これらの例

からみて、神功皇后を第15代の天皇として数えた時代があったと想像できるが、もし、そうだとすると、この第2グループは10代、600年。1代あたりに換算すると60年ということになる。

## 表4　干支紀年表

| 五行<br>方位色 | 十二支（子丑寅卯辰巳午未申酉戌亥） | | | | | | 干支 |
|---|---|---|---|---|---|---|---|
| 木・東・青 | 51 甲寅 コウイン きのえとら | 41 甲辰 コウシン きのえたつ | 31 甲午 コウゴ きのえうま | 21 甲申 コウシン きのえさる | 11 甲戌 コウジュツ きのえいぬ | 1 甲子 コウシ きのえね | 甲 |
| | 52 乙卯 イツボウ きのとう | 42 乙巳 イッシ きのとみ | 32 乙未 イツビ きのとひつじ | 22 乙酉 イツユウ きのととり | 12 乙亥 イツガイ きのとい | 2 乙丑 イッチュウ きのとうし | 乙 |
| 火・南・朱 | 53 丙辰 ヘイシン ひのえたつ | 43 丙午 ヘイゴ ひのえうま | 33 丙申 ヘイシン ひのえさる | 23 丙戌 ヘイジュツ ひのえいぬ | 13 丙子 ヘイシ ひのえね | 3 丙寅 ヘイイン ひのえとら | 丙 |
| | 54 丁巳 テイシ ひのとみ | 44 丁未 テイビ ひのとひつじ | 34 丁酉 テイユウ ひのととり | 24 丁亥 テイガイ ひのとい | 14 丁丑 テイチュウ ひのとうし | 4 丁卯 テイボウ ひのとう | 丁 |
| 土・中央・黄 | 55 戊午 ボゴ つちのえうま | 45 戊申 ボシン つちのえさる | 35 戊戌 ボジュツ つちのえいぬ | 25 戊子 ボシ つちのえね | 15 戊寅 ボイン つちのえとら | 5 戊辰 ボシン つちのえたつ | 戊 |
| | 56 己未 キビ つちのとひつじ | 46 己酉 キユウ つちのととり | 36 己亥 キガイ つちのとい | 26 己丑 キチュウ つちのとうし | 16 己卯 キボウ つちのとう | 6 己巳 キシ つちのとみ | 己 |
| 金・西・白 | 57 庚申 コウシン かのえさる | 47 庚戌 コウジュツ かのえいぬ | 37 庚子 コウシ かのえね | 27 庚寅 コウイン かのえとら | 17 庚辰 コウシン かのえたつ | 7 庚午 コウゴ かのえうま | 庚 |
| | 58 辛酉 シンユウ かのととり | 48 辛亥 シンガイ かのとい | 38 辛丑 シンチュウ かのとうし | 28 辛卯 シンボウ かのとう | 18 辛巳 シンシ かのとみ | 8 辛未 シンビ かのとひつじ | 辛 |
| 水・北・玄 | 59 壬戌 ジンジュツ みずのえいぬ | 49 壬子 ジンシ みずのえね | 39 壬寅 ジンイン みずのえとら | 29 壬辰 ジンシン みずのえたつ | 19 壬午 ジンゴ みずのえうま | 9 壬申 ジンシン みずのえさる | 壬 |
| | 60 癸亥 キガイ みずのとい | 50 癸丑 キチュウ みずのとうし | 40 癸卯 キボウ みずのとう | 30 癸巳 キシ みずのとみ | 20 癸未 キビ みずのとひつじ | 10 癸酉 キユウ みずのととり | 癸 |

干支（かんし）は甲子（こうし、きのえね）から始まり癸亥（きがい、みずのとい）で構成される。60年経過するとまた同じ最初の干支に戻る。これを「干支紀年法」と呼ぶ。「干支」とは十干「甲・乙・丙・丁・戊・己・庚・辛・壬・癸」と十二支の「子・丑・寅・卯・辰・巳・午・未・申・酉・戌・亥」を組み合わせ、木・火・土・金・水の「5行」の「兄（え）と弟（と）」に2個ずつ配置する。10と12の最小公倍数は60になるので干支は60期（年）で1周することになる。

上記の表をみれば一目瞭然である。「干支一運の天皇紀」のカラクリを知るためには上記の干支表（表4）は欠かせない。

表5　景行天皇の在位年・西暦・干支の対照表

| 景行天皇 | 元年 | 2年 | 3年 | 4年 | 5年 | 6年 | 7年 | 8年 | 9年 | 10年 |
|---|---|---|---|---|---|---|---|---|---|---|
| 西暦 | 71年 | 72年 | 73年 | 74年 | 75年 | 76年 | 77年 | 78年 | 79年 | 80年 |
| 干支 | 辛未 | 壬申 | 癸酉 | 甲戌 | 乙亥 | 丙子 | 丁丑 | 戊寅 | 己卯 | 庚辰 |
| 景行天皇 | 11年 | 12年 | 13年 | 14年 | 15年 | 16年 | 17年 | 18年 | 19年 | 20年 |
| 西暦 | 81年 | 82年 | 83年 | 84年 | 85年 | 86年 | 87年 | 88年 | 89年 | 90年 |
| 干支 | 辛巳 | 壬午 | 癸未 | 甲申 | 乙酉 | 丙戌 | 丁亥 | 戊子 | 己丑 | 庚寅 |
| 景行天皇 | 21年 | 22年 | 23年 | 24年 | 25年 | 26年 | 27年 | 28年 | 29年 | 30年 |
| 西暦 | 91年 | 92年 | 93年 | 94年 | 95年 | 96年 | 97年 | 98年 | 99年 | 100年 |
| 干支 | 辛卯 | 壬辰 | 癸巳 | 甲午 | 乙未 | 丙申 | 丁酉 | 戊戌 | 己亥 | 庚子 |
| 景行天皇 | 31年 | 32年 | 33年 | 34年 | 35年 | 36年 | 37年 | 38年 | 39年 | 40年 |
| 西暦 | 101年 | 102年 | 103年 | 104年 | 105年 | 106年 | 107年 | 108年 | 109年 | 110年 |
| 干支 | 辛丑 | 壬寅 | 癸卯 | 甲辰 | 乙巳 | 丙午 | 丁未 | 戊申 | 己酉 | 庚戌 |
| 景行天皇 | 41年 | 42年 | 43年 | 44年 | 45年 | 46年 | 47年 | 48年 | 49年 | 50年 |
| 西暦 | 111年 | 112年 | 113年 | 114年 | 115年 | 116年 | 117年 | 118年 | 119年 | 120年 |
| 干支 | 辛亥 | 壬子 | 癸丑 | 甲寅 | 乙卯 | 丙辰 | 丁巳 | 戊午 | 己未 | 庚申 |
| 景行天皇 | 51年 | 52年 | 53年 | 54年 | 55年 | 56年 | 57年 | 58年 | 59年 | 60年 |
| 西暦 | 121年 | 122年 | 123年 | 124年 | 125年 | 126年 | 127年 | 128年 | 129年 | 130年 |
| 干支 | 辛酉 | 壬戌 | 癸亥 | 甲子 | 乙丑 | 丙寅 | 丁卯 | 戊辰 | 己巳 | 庚午 |

## 2　歴史改作のシステム

### ※辛未に即位、庚午に死亡

　さて天皇紀が60年の倍数で構成されているということは、同一干支の年に即位した天皇が多いこと、また同一干支の年に死亡した天皇が多いことを物語っている。事実、孝安・垂仁・景行・成務・応神の各天皇の崩御年はすべて庚午である。

　したがってその翌年に即位した孝霊・景行・成務・仲哀・仁徳の各天皇の即位の干支年はいずれも辛未ということになる（ただし、仲哀天皇と仁徳天皇は即位年前に空位があるのでその分だけずれている）。

　以上のことから、第2グループの10代600年は「辛未の年に即位し、庚午の年に死亡」する60年の繰り返しということになる。ちなみにネット上の「天皇のウィキペディア」に公開された各天皇の干支表から、「辛

表6

| 年　度 | 記　事 |
|---|---|
| 崇神1（甲申） | 即位 |
| 3（丙戌） | 都を磯城に遷す |
| 4（丁亥） | 先帝をたたえる詔勅 |
| 5（戊子） | 流行病発生 |
| 6（己丑） | 百姓離散 |
| 7（庚寅） | 大物主神の祟り |
| 8（辛卯） | 大物主を祀る |
| 9（壬辰） | 墨坂神、大坂神を祀る |
| 10（癸巳） | 四道将軍派遣 |
| 11（甲午） | 四道将軍復命 |
| 12（乙未） | 御肇国天皇と称す |
| 17（庚子） | 始めて船をつくる |
| 48（辛未） | 活目入彦五十狭茅を皇太子とす |
| 60（癸未） | 出雲振根を誅す |
| 62（乙酉） | 池をつくる |
| 65（戊子） | 任那国の使者来朝 |
| 68（辛卯） | 天皇崩ず |

表7

| 年　度 | 記　事 |
|---|---|
| 垂仁1（壬辰） | 即位 |
| 2（癸巳） | 狭穂姫を皇后とする |
| 3（甲午） | 天日槍来朝 |
| 4（乙未） | 狭穂彦王の謀反心 |
| 5（丙申） | 狭穂彦王の反乱 |
| 7（戊戌） | 野見宿禰の角力 |
| 15（丙午） | 日葉酢姫を皇后とする |
| 23（甲寅） | 誉津別王のこと |
| 25（丙辰） | アマテラス（天照大神）を祀る |
| 26（丁巳） | 出雲の神宝 |
| 27（戊午） | 兵器を神社に納める |
| 28（己未） | 倭彦崩ず |
| 30（辛酉） | 大足彦尊を後継者に指名する |
| 32（癸亥） | 日葉酢姫崩ず |
| 34（乙丑） | 綺戸辺を後宮に入れる |
| 35（丙寅） | 五十瓊敷入彦命を河内国に派遣 |
| 37（戊辰） | 立太子 |
| 39（庚午） | 五十瓊敷入彦命剣一千本を作る |
| 87（戊午） | 石上神宮の神宝 |
| 88（己未） | 天日槍の神宝 |
| 90（辛酉） | 田道間守を常世国に派遣する |
| 99（庚午） | 天皇崩ず |

未に即位し庚午に死亡」の典型的な例として「景行天皇」を掲載するので
ご覧いただきたい〔現在、天皇のウィキペディアの干支表は削除されている〕。
さて井原教弼は次のように述べている。

　　　ここで大胆に発想を飛躍してみよう。すると「第2グループの10
　　　人の天皇紀は、今日伝えられているような形に落ち着く前は、すべて
　　　一律に60年であった」という仮説が生れる。つまり辛未の年に即位
　　　して、庚午の年に死亡すると“干支一運”の天皇紀が10個連続して
　　　つながっていたのではないかという疑問である。

※「崇神紀」と「垂仁紀」
　そこで『日本書紀』「崇神紀」と「垂仁紀」を例にあげる。「崇神紀」と
「垂仁紀」の記事の配列は要約すると「表6」「表7」のようになる。

　　　「表6の崇神の即位は甲申で、崩御68年というのは「辛未に即位、
　　　庚午に崩御」の原則からみると異例である。しかし、よく見ると48
　　　年（辛未）の記事が突出していることがわかる。「突出」していると
　　　いうのは、48年（辛未）前の17年（庚子）の記事「始めて船をつく
　　　る」とは31年の空白があり、後の60年（癸未）の記事「出雲振根を
　　　誅す」と12年の空白がある。

　であれば崇神48年（辛未）記事「活目尊を皇太子とす」は作為的とみ
なければならない。もと「辛未に即位、庚午に崩御」で構成されていたこ
とを後世に伝えるための暗号と考えられるからである。もと「活目尊即位
す」とあったのを改作したものにちがいない。すなわち垂仁即位の記事を
立太子に書き換えていることを暗示している。

◈垂仁紀の場合

　表7の垂仁紀をみると39年から87年にかけて48年の記事の空白（断層）があるが、垂仁天皇39年（庚午）の記事「五十瓊敷入彦命剣一千本を作る」は崇神天皇48年（辛未）からちょうど60年目である。すなわち「辛未に即位、庚午に崩御」の年度にあたる。おそらく、現在のようになる前はこの庚午年崩御の記事があったはずである。それは抹消されて次のような記事だけが残っている。

　「39年の冬10月に、五十瓊敷命、茅渟の菟砥川上宮にましまして、剣一千口を作る」。ここで気になるのが、これより2年前の37年（戊辰）の「立太子」の記事である。この記事は「大足彦尊（景行天皇）を立てて、皇太子とした」ことを意味している。さらに垂仁天皇30年（辛酉）の記事を見ると「大足彦尊を後継者に指名」とあるので、皇太子の候補者が2人いたことがわかる。事実、『日本書紀』垂仁天皇30年1月6日条には次のように書かれている。

　　天皇は、五十瓊敷命・大足彦尊（景行）に詔して「お前たちはそれぞれ欲しい物を言いなさい」と言った。兄王は「弓矢を得たい」と言った。弟は「皇位が欲しい」と言った。そこで天皇は「それぞれ所望するままにしよう」と言った。そうして弓矢を五十瓊尊に授け、また大足彦尊に「お前は必ず我が位を嗣ぎなさい」と言った。


# 3　初代天皇は孝霊であった


◈歴史改作のシステム

　垂仁天皇には兄（五十瓊敷命）と弟（大足彦こと景行）の2人の後継者がいた。ところが弟が皇太子になった2年後に天皇が死亡し、兄は時を移さず鉄剣一千本を作った。おそらく後継者争いの戦争の準備をしたのであろう。井原教弼は次のような驚くべき推理をしている。

　ところで五十瓊敷命はいったいどういう人物なのだろうか。古今東西を問わず、歴史の改作のためにはあるシステムが必要である。日本の建国史を完全に書きかえる作業は数十年にわたって断続的に行われ、しかもいくつかのグループにわかれ、メンバーも長い間に交替していったものと考えられる。

　日本人だけではなく、朝鮮渡来の仕官たちも混じっていた。これらをコントロールしながら歴史を書き改めるためには、多くのメンバーが簡単に納得できる書き換えのシステムが必要である。作業が長くなればなるほど、必要に応じて、直ちに、容易に、記事を改作前の姿に復元できるようなシステムでなければならない。

　辛未に即位し、庚午に死亡するという干支一運の天皇紀こそは、このようなニーズを満足させ得るシステムであった。

　孝霊天皇から応神天皇までの10代600年は、おそらく、辛未に始まり庚午に終わる60年の10個の万年ごよみを並べたものであったろう。天皇というものの、それはこよみにもっともらしい名前をつけたものにすぎない。

　例えばいま仮に旧王朝の編年体の史書が発見されたとする。この記事をバラバラにほぐし、多くの"天皇紀"に記事を分散配置して新王朝の"万世一系の歴史"を作ろうとする場合、その"天皇紀"がいずれも60通りの年干支を包含した干支一運であれば、旧王朝の史書のどの年度の記事であろうと、希望の天皇紀の該当干支のところにほうりこめる。干支一運の天皇紀は"歴史改作のシステム"であった。

### ◈虚構と史実の混合

　井原教弼による"歴史改作のシステム"の発見は称賛に値する。石渡信一郎はこの井原教弼の"歴史改作のシステム"をもとに自説の「新旧2つの朝鮮半島から渡来した加羅系と百済系による古代日本の成立」をより確実なものにした。

もう少し井原教弼の説を追ってみよう。先の「崇神紀」「垂仁紀」の話に戻る。井原教弼によれば、垂仁紀は39年庚午のあと、さらに60年を追加して垂仁の崩御を垂仁天皇99年（庚午）とした。元年から39年までは天皇紀のなかに60通りの干支が揃っていないと記事を改作するのに不便だからである。

　このようにして垂仁天皇の崩御は在位99年の庚午とし、景行即位元年辛未に繋いだのである。そのため垂仁は死亡年齢140歳という超人間となった。

　井原教弼が"歴史改作のシステム"を季刊誌『東アジアの古代文化』に発表したのは1985年（昭和60）である。また石渡信一郎が「朝鮮半島からの新旧2つの渡来集団による日本古代国家の成立」を命題とする『日本古代王朝の成立と百済』（私家版）を出版したのは1988年（昭和63）である。

　2人の在野の古代史研究者は「紀記」に依存する日本古代史の通説を根底から覆すような発見を、奇しくもほぼ同時期に発表したことになる。井原教弼は今から約1300年前に歴史改作を行った「紀記」編纂者の心境について次のように述べている。


　　日本書紀の編史官たちはこの不自然さを無視した。無神経なのではなく、あるシステムにしたがって述べていくことから派生的に生れたものであり、そのことによって日本書紀の基本的価値そのものが損なわれることにはならないという意味において無視したのである。

　　無神経ということは神経が太いということとは別である。彼らは虚構の編年の枠組みのなかで国の正史を叙述するという前代未聞の離れわざを演じた点で、今の日本人からは想像もつかない野放図な、図太い神経をもっていた。しかし同時に一方では律義で、理屈っぽい、融通のきかない頑固ものの集団であった。

　　いま触れたように垂仁天皇の即位が崇神48年辛未であったものとすると、崇神天皇の即位は、ひとつ繰り上がって開化天皇48年の辛未であったはずである。したがって開化紀はさらにその60年前の辛

36

未から開化47年の庚午にいたる60年であったということになる。言いかえれば開化紀にも「辛未に即位、庚午に崩御」の原則が貫徹されていたことになる。

❖ 「倭」と「日本」

井原教弼によれば日本書紀編纂者の編年構造の意図は明々白々である。第8代孝元天皇の在位年が57年になっているのは、この前に3年間の空位で調整をとっているからである。そのケースは綏靖天皇も同じである。開化紀は開化47年の庚午で終わるはずだが、60年マイナス47年の残り13年は孝霊紀にプラスされている。孝霊紀の76年は干支一運60年にこの13年と空位3年を加えたものである。

以上のことからも、仲哀・神功・応神に仲哀の空位1年を加えた合計120年も、辛未に即位、庚午に崩御の60年に、さらにもう1つ60年をつけ加えて成立したものである。その追加の60年は、神功皇后紀に加えられている。神功皇后は在位69年、年齢100歳で亡くなったことになっているが、もとは在位9年、死亡年は40歳であった。

「干支一運天皇紀」は、あたらしく天皇紀を挿入しようと、あるいは削除しようと、天皇の順番を入れ替えようと、前後の干支を書き換えなくてすむ。そして井原教弼は次のような考えに到達する。

　このように手を加えれば加えるほど天皇記の数は増えていった。もとはよくまとまった、わずか数代の記録であったものを数百の断片記事に分離して、これを干支一運のいくつかの天皇紀に、ある約束にしたがって配分していった。その際、あたらしく増やした天皇紀を上へ上へと積み上げていった。そして気がついたときには、10代600年になっていた。このようにして孝霊紀から応神紀までの10代ができあがった。

　ある時期、天皇系譜の主部は孝霊天皇であった。孝霊天皇の和風諡号は、古事記は「大倭根子日子賦斗邇命、日本書紀は大日本根子彦太

瓊 尊」とあるが、日本書紀 30 巻の持統天皇に 703 年（大宝 3）12 月に与えられた和風諡号は大 倭 根子天之広野日女 尊 であった。

    主部　大倭根子日子
    末尾　大倭根子日女

　と、きれいに対応している。このようにある時期天皇の系譜の主部は孝霊天皇であったとすると、初代神武から第 6 代孝安天皇までの 6 代はあとで追加されたと解釈せざるを得ない。「孝霊紀」の辛未の即位をそのまま「神武紀」に移し、あとになって「神武紀」の方は 10 年繰り上げて辛酉（紀元前 660）としたのである。
　孝霊天皇の崩御は「76 年丙戌」だが、一方、神武天皇の崩御は 76 年丙子」である。これは 10 年繰り上げたためであり、繰り上げる前は「丙戌」であったはずであり、「孝霊紀」と同じである。
　孝霊天皇は孝安天皇の 76 年に 26 歳で皇太子に立ったとなっており、これから計算する死亡年齢は 128 歳となり、神武天皇の死亡年齢 127 年と 1 年の差があるが、これは単なる計算違いであろう。


## 4　石渡信一郎の説


　以上、井原教弼説の梗概であるが、石渡信一郎は 1990 年（平成 2）『応神陵の被葬者はだれか』（『増補改訂版・百済から渡来した応神天皇』2001 年）で、朝鮮半島からの加羅系と百済系の新旧 2 つ渡来集団による古代日本国家の成立を命題として、第 15 代応神天皇と「雄略紀」5 年（461）条に書かれている百済から渡来した王子昆支と、倭の 5 王「讃・珍・済・興・武」の「武」が同一人物であることを明らかにした。
　さらに石渡信一郎は昆支が 440 年に生まれ、506 年 67 歳で死亡したことを明らかにし、神武と孝霊が応神（昆支・倭武）の分身であることを論

証した。石渡信一郎は井原教弼の説を受けて応神（昆支・倭王武）大王が
491 年（辛未年）の百済系倭国を建国したことを明らかにしたのである。

　国宝隅田八幡鏡の銘文をめぐる学者・研究者による約 100 年間における
論争は拙著『隅田八幡鏡』（彩流社、2009 年）に譲ることにして、今から
ちょうど 20 年前の 2001 年の『百済から渡来した応神天皇』（1990 年出版
の『応神陵に被葬者はだれか』の増補新版）から石渡信一郎による 48 文字
の隅田八幡鏡の解読を次に引用する。

　A　癸未年八月日十大王年男弟王在意柴沙加宮時斯麻念長奉遺開中費
　　　直穢人今州利二人尊所白上同二百旱所此竟〔隅田八幡鏡銘文〕

　B　癸未年（503）8 月、日十大王（昆支）の年（世）、男弟王（継体）
　　　が意柴沙加宮（忍坂宮）に在す時、斯麻（武寧王）は男弟王に長く
　　　奉仕したいと思い、開中（辟中）の費直（郡将）と穢人今州利の 2
　　　人の高官を遣わし、白い上質の銅二百旱を使って、この鏡を作らせ
　　　た。〔石渡信一郎解読文〕

　石渡信一郎よる国宝隅田八幡鏡の銘文解読によって、銘文の「日十大
王」が百済から渡来した王子昆支であり、日本書紀の継体が銘文の男弟王
と同一人物であり、また男弟王は昆支と兄弟関係にあり、百済武寧王は昆
支の子であったことも判明したのである。煩雑な説明を省いて編集者（林）
と著者（石渡信一郎）の最後の仕事となった『百済から渡来した応神天皇』
（三一書房、2001 年）から石渡信一郎の神武＝応神＝の推理と解釈を次に
引用する。

　　井原教弼が指摘するように神武は、最初は丙戌の年に 127 歳で死
　亡とされていたとみていい。昆支（応神・武）は 440 年の庚辰の年に
　生まれたと推定されるが、神武が丙戌の年に死んだとすると、神武も
　庚辰の年に生まれたことになる。つまり、昆支と神武はともに庚辰に

生まれ、丙戌の年に死亡したことになる。そして神武の死亡年齢127年から、在位期間として一律の決められた干支一運（60年）を差し引けば、神武の死亡の年齢は67歳となる。

　そこで日本書紀によれば神武は畝傍山の東南にある橿原神宮で死亡しているが、応神も畝傍山の東南にあった明宮で死んでいる。これは昆支（応神・武）が橿原の地にあった宮殿で死んだ史実を伝えているとみられる。したがって昆支（武）は506年の丙戌の年に百済系倭国「東加羅」の王都橿原の地で死んだとみてよい。

　日本書紀は昆支が百済系倭国の初代大王であったという史実を隠すために、昆支（応神）を270年から310までの間在位したことにし、それによって生じた昆支（応神）と継体の間の空白期間を埋めるために仁徳から武烈までの10人の架空の天皇を作り出した。そして昆支の死亡年を武烈の死亡年とした。

　神武が昆支の完全な分身であることを考えると、神武が最初辛未の年に即位したとされていたことは、491年の辛未の年に昆支が「東加羅」の初代天王として即位したとみられる。隅田八幡宮所蔵（現在国立博物館に展示）の人物画像鏡の銘文も、503年には昆支がすでに「東加羅」の「大王」となっていたことを物語っている。

　また巨大な誉田山古墳（伝応神陵）の築造が開始されたのは489年前後と考古学的観点から推定されるので、昆支は480年代から渡来し始めた百済系渡来集団の優秀な軍事力を背景に王権を強化して491年に百済系新倭王朝を樹立し、大王を名乗った可能性が高い。

　昆支が出た百済王家は北方騎馬民族の夫余族である。『魏書』巻100（百済伝）には、延興2年（472）に蓋鹵王（余慶）が北魏孝文帝に上表して「臣与高句麗源出夫余（臣は、高句麗とともに、源は夫余から出ています）」と述べたとあり、百済王家最後の太子、隆の墓碑銘（683）に、国名を「南夫余」としたとある。

　したがって、騎馬民族系の崇神王朝の後を継いだ応神（昆支）王朝も騎馬民族系である。現在、多くの文献史学者や考古学者が騎馬民族

征服王朝説に反対しているが、彼らは皇国史観の呪縛から抜け出せないため、この明らかな史実を知ることができないのである。

　ここで石渡信一郎の説を整理すると次のようになる。応神陵の被葬者は百済蓋鹵王（在位 455-475）の弟余昆という人物である。余昆は宋から征虜将軍の軍号を与えられ、日本書紀には昆支と書かれている。『宋書』百済伝孝武帝 458 年（大明 2）征慮将軍の称号を与えられた余昆は、百済蓋鹵王のもとで最高に地位にあった。

　百済毗有王（在位 427-455）の子として生まれた昆支は、461 年加羅系の崇神王朝の崇神・垂仁＋倭の 5 王「讃・珍・済・興・武」の倭王の済の入り婿となった。475 年蓋鹵王が高句麗長寿王の侵略によって殺されたので、百済に戻ることはなく母方の叔父文周王に百済王の地位を譲り、自分は 478 年倭王興のあとを継いで倭国王となった。そして武という名で宋に上表文を出した。

　昆支（倭王武）は 489 年頃寿墓として誉田山古墳（伝応神陵）の造成を開始した。491 年頃国名を「南加羅」から「東加羅」に改め「日十大王」を名乗った（隅田八幡人物画像鏡銘文）。506 年に死亡した昆支は、すでに完成していた誉田山古墳に葬られた。昆支大王の死後は左賢王にあたる「男弟王」＝継体がすぐ「東加羅」の王位についた。

　百済の東城王（478-501）と武寧王（501-523）は昆支の子であり、倭国大王家（天皇家）と百済の王家は親戚関係にあった。6 世紀中頃以降、昆支は倭国の始祖神として各地に祭られるようになった。八幡神も気比大神も昆支の霊である。

　しかし日本書紀は昆支が百済系倭王朝の初代大王であることを隠蔽するためにさまざまな工夫をした。まず百済系倭国の建国を古く見せるために昆支の分身として架空の始祖王神武を作り、辛酉革命思想を利用して百済系倭国が紀元前 660 年に建国されたことにした。そのために第 2 代天皇綏靖から第 10 代天皇開化までの 9 人の架空の天皇を作った。

　それには天皇家が万世一系であることを主張するため、加羅系の崇神王

朝を百済系王朝の系譜に組み入れ、旨（崇神）の在位年代を 400 年以上も繰り上げ、実在の倭王讃・珍・済・興の代わりに景行・成務・仲哀の架空の天皇と神功という架空の皇后を作った。

　さらに百済系倭国を邪馬台国の後身と見せかけるために、神功を卑弥呼に見せかけ、神功を昆支分身としての応神の母とした。そのために応神の在位年を「270−310 年」とした。昆支（応神）の在位年代が繰り上がったために、昆支（応神）と継体の間に第 16 代仁徳天皇から第 25 代天皇武烈までの 10 人の架空の天皇を作った。

　継体が昆支の弟であることを隠すために、継体を応神の 5 世の孫とし、越前の出身とした。古事記や『上宮紀』逸文などは、日本書紀と異なる伝承を載せてはいるが、日本書紀の編集方針を大きく外れるものではない。天皇家が日本の国土を支配することを正当化するために、8 世紀の律令国家の権力は日本書紀の編集方針と異なるような文書や金石文を書くことは一切認めなかった。

# 第2章　古代日本建国のシナリオ

## 1　太安万侶の古事記序文

### ❖古事記シナリオ説

　井原教弼によれば原日本紀（旧辞）があり、これを換骨奪胎して万世一系の天皇家の歴史が作られた。その際、新しく作り上げるべき建国史の大まかな構想を指示するシナリオの役割を果たしたのが古事記であるという。古事記（712年成立）編纂者はそれぞれの記録を保存してきた諸氏に対して、その記録を書き改めるように行政指導的役割も果たした。そのことは太安万侶が「序文」で次のように述べていることから明らかである。

　　ここにおいて天皇（天武）は「私が聞くところによると、諸家で受け継いできた帝紀（天皇の系統譜）と旧辞（神話・伝説）はすでに真実と違い、偽りを多く加えているとのことである。今この時にその誤りを改めないならば、幾年もたたないうちにその本旨は滅びてしまうであろう。

　　この帝紀と旧辞は、すなわち国家組織の根本になるものであり、天皇政治の基礎となるものである。そこで帝紀を書物として書き著し、旧辞をよく調べて正し、偽りを除き真実を定めて、後世に伝えようと思う」と言った。

　　この時、舎人がおりまして、その氏は稗田、名は阿礼と申し、年は28歳でありました。生まれつき賢く、1度見た文章はよく暗誦し、1度聞いた話は心にとどめて忘れることはありません。そこで天皇は阿礼に命じて、天皇日継と先代の旧辞を誦み習わせたのです。しかしな

がら天武天皇は崩御され、時勢が移り変わって、まだその撰録の事業を完成させるまでにはいたりませんでした。

　「太安万侶は嘘をついている。逆である。まことを削り、偽りを定めて後世に伝えようしたのは古事記である」と井原教弼は手厳しい。井原教弼は「一方、日本書紀の編纂者たちは、かなり理屈っぽい、融通のきかない頑固ものの集団であった。彼らはでたらめに歴史を変えたのではなく、一定の"システム"に従って書き換えた。そのシステムを探り当てれば、日本書紀から改作前の姿を復原することができるはずだ」と「原日本書紀」の存在を予測する。それでは誰がいわゆる「原日本書紀」ともいうべき古事記を作ったのか。

　古事記校注で大きな業績をあげた倉野憲司（1902−1991）によれば、古事記の直接の資料となったものは、稗田阿礼が誦習した帝皇日継（帝紀）と先代旧辞（旧辞）であったが、上巻はほとんど先代旧辞のみであり、中・下巻の各巻は帝皇日継と先代旧辞の継ぎ合わせか、または帝皇日継のみから成っている。

　そして帝皇日継の内容は次の３つの分けることができる。１つは「先帝との続き柄、天皇の名、皇居の名称、治天下のこと、即位継承のこと」、２つは「后妃皇子女、皇子女の総数（男女別の数）、皇子女に関する重要事項」、３つは「その治世における国家的重要事件」などである。先代旧辞は神話・伝説や歌物語を素材とし、国土の起源、天皇家の由来などである。

　また、古事記は上・中・下の３巻から成っているが、上巻のはじめに太安万侶の序があり、アメノミナカヌシノ神からウガヤフキアエズまで、中巻は神武天皇から応神天皇まで、下巻は仁徳天皇から推古天皇までのことが記されている。そして倉野憲司は古事記の本質を次のように解き明かしている。

　　上巻は神代の物語であるが、中・下巻は人の世の物語である。しかし中巻における人の代の物語は、まだ神と人との交渉が極めて深く、

人が神から十分解放されていない。然るに下巻のおける人の代の物語
は、神から解放された人間そのものの物語であって、恋愛あれば嫉妬
もあり、争闘もあれば謀略もある。しかしどの物語を見ても透明であ
り、朗らかであって、道徳の彼岸にある美しい人間性が端的に素朴に
描き出されている。古事記はまさに日本文学史の最初を飾るにふさわ
しい文学作品ということができる（『古事記』岩波文庫）。


◈柿本人麻呂の挽歌

　太安万侶の古事記序文については、これまで偽作説を含め、天武天皇と
稗田阿礼（ひえだのあれ）、太安万侶と天武・阿礼との関係が明らかではなく、さまざまな
ことが言われ、かつまた論争され、現在に至っている。天皇天武と太安万
侶が古事記編纂で関係があるならば、柿本人麻呂と天武・持統天皇との関
係はより親密であるはずである。

　次の万葉集「日並見子尊の　殯宮（もがりの）の時に、柿本朝臣人麻呂の作る歌」（巻
2・167-169）は、人麻呂が天武と持統の第1皇子草壁が持統3年（689）4
月に亡くなった時に作った挽歌である。


　　　天地の　初めの時（あめつち）　ひさかたの　天の河原（あま）に　八百万（やほよろず）　千万（ちよろずかみ）神の
　　　神集ひ（かむつど）　集ひいまして　神分かり（かむ）　分かりし時に　天照らす（あまて）　日女（ひるめ）の
　　　命（みこと）　天（あめ）をば　知らしめすと　葦原（あしはら）の　瑞穂（みずほ）の国を　天地の　寄り合ひ
　　　の極（きわみ）　知らしめす　神の命と　天雲（あまぐも）の　八重（やへ）かき分けて　神下し（かむくだ）　い
　　　ませまつりし　高照らす（たかて）　日の皇子（みこ）は　飛ぶ鳥の　浄（きよみ）の宮に　神なが
　　　ら　太敷き（ふとし）まして　天皇の（すめろき）　敷きます国と　天の原　石門（いはと）を開き　神
　　　上り（あが）　上がりいましぬ　我ご大君　皇子の命の　天の下　知らしめしせ
　　　ば　春花の　貴（とうと）からむと　望月（もちづき）の　満（たた）はしけむと　天の下　四方（よも）の人
　　　の　大船の　思ひ憑みて　天つ水　仰ぎて待つに（あお）　いかさまに　念ほし（おも）
　　　めせか　つれもなき　真弓（まゆみ）の岡に　宮柱（みやばしら）　太敷きいまし　みあらかを
　　　高知りまして　朝ごとに　御言問（みこと）はさぬ　日月の　数多くなりぬる　そこ
　　　故に（ゆえ）　皇子（みこ）の宮人　行くへ知らずも（167）

反歌　2首

　　ひさかたの　天<sup>あめ</sup>見るごとく　仰ぎ見し　皇子の御門<sup>みかど</sup>の　荒れまく
惜<sup>お</sup>しも（168）


　　あかねさす　日は照らせれど　ぬばたまの　夜渡る月の　隠<sup>かく</sup>らく
惜<sup>お</sup>しも（169）


　柿本人麻呂の挽歌「日の皇子」について『古事記と日本書紀』の著者神
野志隆光<sup>のしたかみつ</sup>は「清御原の宮にあったというのだから天武天皇以外にありえな
い。草壁皇子はその天武天皇を引き継ぐはずであったものとして意味づけ
られ、述べられるというのが、草壁皇子挽歌の基本構造である。歌の文脈
を率直にとれば、天武天皇が降臨したことになる」と述べ、神野志隆光は
さらに次のように指摘している。


　　古事記と日本書紀の成立は、むろん人麻呂歌より20年以上も後であ
　る。そうでありながら古事記・日本書紀を引くのは、人麻呂も古事記・
　日本書紀が基づくのと同じ神話を踏まえて歌ったと見るからである。
　共通の神話基盤（1つの神話）があり、そこから出たと考えられる。（略）
　　古事記・日本書紀にとらわれずに人麻呂歌に即してみれば、歌が天
　武天皇を神話化していることは明らかだ。具体的に言えば、「天地の
　初めの時」と歌い出されている。その世界のはじまりの提示は、「天
　地の寄り合いの極み」とあい応じる。
　　そこで天と地との世界秩序が、世界のはじまりの時に定立されたと
　いうのである。「天地をば知らしめす」と「葦原の水穂の国（天地の
　寄り合いの極み）知らしめす」との対応はこの点で明らかであろう。

## 2 草壁・天武へのレクイエム

◈稗田阿礼＝柿本人麻呂説

「人麻呂も古事記・日本書紀が基づくのと同じ神話を踏まえて歌ったと
見る」という神野志隆光の言葉に注視せざるを得ない。倉野憲司が先に
「古事記はまさに日本文学史の最初を飾るにふさわしい文学作品である」
と言ったことを合わせて考えると、稗田阿礼は柿本人麻呂ではなかったか
という想いは否定できない。

そこで私の稗田阿礼＝柿本人麻呂説は錯覚か大きな間違いではないか
と疑い、たまたま手許にあった万葉集に卓越する中西進（国文学者、本書
「終わりに」参照）の『柿本人麻呂』「Ⅰ讃仰」（講談社学術文庫、1991年）
を引いてみた。すると次のように書かれている。

　　わが柿本人麻呂が登場して来るのは、この天武の皇后、持統の治世
　においてである。この時代も、後に詳しく述べるように、天武の遺業
　が一途に完成しようとした時代である。人麻呂という歌人はこの時代
　の志向を誰よりも強く体現した歌人であり、かつ持統朝廷に密接した
　宮廷歌人であった。したがって、さきほどから述べて来たように大化
　以来の強固なる天皇支配の宮廷精神は、人麻呂の詩的倫理でさえあっ
　た。人麻呂における詩の主題が、第1に王権の讃仰にあったことは、
　容易に理解されることである。

　　天皇（すめらみこと）　雷（いかづち）の丘に御遊しし時、柿本人麻呂の作れる歌1首

　　大君（おおきみ）は神にし座（ま）せば天雲（あまぐも）の雷の上に廬（いほり）せるかも（巻3・235の或本歌）

　　大君（おおきみ）は神にし座（ま）せば真木の立つ荒山中に海を成すかも（巻3・241）

が知られるのである。この後者は、後の述べる長皇子に従って猟路
池に赴いた時に人麻呂のつくった歌の反歌だが、前者は、実は今問題
としている 雷 の丘行幸供奉の歌に添えて、「或る本に云く」として
載せられた歌である。そう記されるのももっともなように、両者の歌
詞をくらべると、非常によく似ていて、『万葉集』の編者の異伝だと
考えたのも当然であろう。（略）

　『万葉集』の編者はこの２首を同一のものと考え、そのために異伝
の１首として注記したのだが、この考えは正しくない。すなわち人麻
呂は持統の雷の丘行幸の折には235番の歌をたてまつり、別の折、忍
壁皇子が雷の丘に登った時には「或本」の歌とされた歌をたてまつっ
たのであって、両歌は別の歌なのである。ただそれがあまりにも似て
いたにすぎない。そして、このように両歌が似ているのは、この表現
が大君讃美の類型だったからである。


### ※日並御子尊の殯宮

　先の柿本人麻呂が草壁皇子のためにつくった「日並御子尊の殯宮」の挽
歌についての中西進の分析は次の通りである。「日並皇子とは草壁皇子の
ことであり、天武と持統の子である。草壁は持統３年（689）28歳の若さ
で薨じる。天武崩御後の持統の夢は草壁の即位であった。大津皇子を殺害
してまで実現した即位にもかかわらず草壁はあえなく死んだ」。

　中西進によればこの挽歌によまれた 殯宮 とは、埋葬の先立つ一定期
間死者をとむらう行事として古来行われてきたものであり、歌舞を奏し、
誄 （弔辞）をささげる。この殯宮挽歌は人麻呂が葬送集団の代表として
哀悼の歌を歌うのであり、歌われたしらべは会衆の心と一体になって死者
にむけられる。

　実はこの歌にはもう１首「或本の歌１首」として「宮匂の池の放ち鳥人
目に恋ひて池に潜かず」（巻2・170）という反歌が併記されている。

　また、反歌の第2首「日は照らせれど　ぬばたまの　夜渡る月の　隠ら
く　惜しも」（169）には左注がついていて、「ある本では、この反歌を高

48

市皇の殯宮の歌の反歌としている」と書かれている。挽歌の内容について中西進は次のように解釈している。

　　この挽歌は第1部と第2部からできあがっている。第1部は「神上（かむあが）り　上がりいましぬ」まで、第2部は結束部と反歌を添えている。反歌の第1首は御門（御殿）の荒廃を予測する中で悲しみを見出す。皇子の住んだ島の宮は蘇我馬子によって造営された御殿であった。ために馬子は「島の大臣」と呼ばれていたという。それが後に天皇家に没収されて離宮となり、やがて草壁に与えられた。
　　第2首は実景をよんだものではない。「ぬばたまの　夜渡る月の」というのが序詞で、そのように皇子の薨去なさったことが惜しいというのであろう。それに対する上の句は、第1首の「ひさかたの　天（あめ）見るごとく　仰ぎ見し」時に、天日と皇子は同質に存在した。
　　ところが天日はあい変わることなく「照らされど」、一方の皇子は今真弓の岡に姿を没してしまったのだった。それを惜しいといって嘆くのである。この第1・2首ともに「惜しも」と歌われた結句は、繰り返す波のように、殯宮奉仕の人々の上を流れていったのであろう。

中西進によれば初めの部分が客観的な皇子の叙述であり、結束部が人麻呂の嘆きである。ところが人麻呂は両者と同量の叙述をもって第1部をよんだ。その内は「天地開闢の時、多くの神々が天上の安（やす）の河原に集って相談したが、その時天照大神は天上世界を支配なさるというで、この日本の国を果て遠くまで支配される神として、幾重の天雲をかき別けて地上に下された日の皇子は、浄御原の宮に神として君臨し、やがて天皇の統治なさる国として天上の石門をあけて、天高くお隠れになった」というものである。さらに中西進は次の歌中の「日の皇子」について次のように指摘している。

　　「日の皇子」が誰をさすかについては、2通りの解釈があって、天

武天皇であるといい、草壁皇子であるという。つぎの第2部の前半において人麻呂は草壁の死を述べるのだから、それと重複しないためにも、これは天武天皇のことを述べたとする考えは一応可能である。人麻呂自身の曖昧さは人麻呂において、草壁が天武と分かちがたく存在したということである。たしかに歌っているのは草壁以外のものではない。

　しかしその背後には抜きがたき天武のイメージがある。その二重写しの映像の中に、人麻呂は草壁をとらえざるを得なかった。この二重写し、現実の草壁を過去の天武に重ねてしかとらえ得ない意識こそ、喪失の意識なのである。だから今草壁という死者を主題とする挽歌は、さらにさかのぼって天武王権の喪失への挽歌となった。天なる神々の1人としての天皇の荘厳を讃え、その中に草壁の霊を慰撫するということのレクイエムの構図は「喪失」という人麻呂特性の上に可能だったといえる。


　『日本書紀』天武天皇10年（681）12月10日条の小錦下を与えられた柿本臣猨は、『続日本紀』元明天皇和銅元年（708）4月20日条の「従4位下の柿本朝臣佐留が死んだ」とある「柿本佐留」と同一人物である。

　柿本猨＝柿本人麻呂とすれば元明天皇に古事記（712）を上程した太安万侶が人麻呂を知らないはずはない。人麻呂と太安万侶はほぼ同時代人と考えられるからだ。しかし人麻呂は天武・持統＋藤原不比等との間になにか不遇・不幸に類する事件に巻き込まれた可能性は充分にある。

　人麻呂に不幸な事件があったのに対して、一方の太安万侶は日本書紀慶雲元年（704）正月7日条に「従5位下に叙される」とあり、和銅4年（711）4月7日条には「正5位上に叙される」とある。この太安万侶の昇進は古事記編纂の功績によるものだろう。

# 3　柿本人麻呂の正体

◈藤原不比等の台頭

　梅原猛は、天武10年（681）10月25日条の粟田臣真人や物部連麻呂と一緒に従5位下相当の小錦下を授けられた柿本臣猨が天武天皇13年（684）の八色の姓の制定で朝臣の姓を授けられ、その後昇進して元明天皇和銅元年（708）に従4位下で死んだとしてもなんらおかしくないとしている。ちなみに『日本書紀』天武天皇10年（684）25日条の「柿本臣猨」についての頭注は次の通りである。

　　　「猨」は「佐留」とも。13年11月朝臣賜姓。和銅元年4月、従4
　　　位下にて没。古事記孝昭天皇に孝昭天皇の皇子天押帯日子命を祖
　　　とする。『姓氏録』大和皇別に「柿本朝臣」を載せ、敏達天皇の世、
　　　家門に柿樹のあるにより柿本臣氏というとある。大和国添上郡を本拠
　　　とする氏族、同族に万葉歌人柿本人麻呂がある。

　梅原猛は、「猨」＝「猿」と柿本人麻呂が別人とする日本書紀頭注とは異なり、「猨」＝「佐留」＝柿本人麻呂としている。天武10年（681）1月29日条の柿本臣猨が小錦下を授けられたときの同じ授与者に高向臣麻呂・粟田臣真人・物部連麻呂・中臣連大島ら10人の錚々たるメンバーがいる。

　粟田真人はのち遣唐執節使となり、物部連麻呂（石上麻呂）は壬申の乱で大友皇子が自害するまで付き添った2人の舎人の1人である。壬申の乱では天武の敵側にいた物部連麻呂（640-717）は中納言→大納言→右大臣と異例な昇進を遂げている。

　また中臣連大島は天武天皇10年（681）の「帝紀及び上古の諸事を記録し確定する作業」、いわゆる『日本書紀』編纂事業の一員でもある。言ってみれば、物部連麻呂と中臣連大島は壬申の乱では大友皇子側にいた人物である。したがって天武10年の人事は天武天皇の意向に反するはずである。

しかし梅原猛はこのころすでに天武の病が進行していたので、実際の政務は持統・不比等の手に移っていたとみる。柿本猨の登用はこの時期であり、のちの柿本人麻呂と神祇伯中臣大島と不比等との関係もこのころ確立したとみる。

### ※稗田阿礼＝藤原不比等

　日本書紀が藤原不比等によって作られたとする上山春平の説に半ば同調している梅原猛だが、古事記もなお一層藤原不比等の手が入っていると主張し、古事記撰集に従事したのは稗田阿礼と太安万侶のみであり、古事記は稗田阿礼が口述したものを太安万侶が校正し、それを読むに堪える文章にしたものであるとしている。

　梅原猛によれば、古事記及び日本書紀の撰集に功績をたてた太安万侶は藤原不比等の寵臣の１人であった。しかし太安万侶が藤原氏の意思を強く盛り込む神話を作るほどの力をもっていたとは考えられない。このような物語を語る権力をもっているのは藤原氏を除いてだれもいない。であれば稗田阿礼はすなわち藤原不比等以外に考えられない。稗田阿礼が藤原不比等と想定した梅原猛は、人麻呂の死を流罪による刑死とみる。

　歴史学者の家永三郎は「稗田阿礼に誦習させたものを後に想を改めた」とし、国語学者の神田秀夫は「天皇天武と稗田阿礼との私的な関係による」としているが、神田説が主流となっている。このように稗田阿礼の正体が皆目わからないのも、古事記成立の謎を深める大きな要因となっている。

　江戸時代後期の国学者平田篤胤（あつたね）（1776−1843）はその著書『古史徴開題記』で阿礼をアメノウズメの末裔としている。民俗学者の柳田国男は『巫女考』でアメノウズメを神懸（かみがか）りの巫女（みこ）とし、柳田説を受けた折口信夫は猿楽・能・狂言の尾籠（おこ）なる問答あるいは演劇的動作に通じるとした。

　先に述べたように『隠された十字架』や『水底の歌』で歴史作家となった梅原猛は、稗田阿礼は元明天皇が密かに書かせた藤原不比等の別名ではないかという説を唱えた。ということは藤原不比等が太安万侶の古事記編

纂に大きな影響力を行使したことを意味している。

　大和岩雄は『古事記成立考 —— 日本最古の古典への疑問』（大和書房、1975年）で元明天皇に献上された太安万侶の序文は、弘仁年間（810−824）に多（太）人長（太安万侶の子孫）の偽作としたとしたが、水野祐は「平安朝の漢文学者の手になるとするよりも、「安万侶ほどの漢文学の素養のあるものならば、この程度の文は書けないはずはない」と反論した。ちなみに大和岩雄は『古事記 —— 成立の謎にせまる』（大和書房、2013年）の「はじめに」に次のように書いている。

　　　現存『古事記』の本文の表記や内容の一部が改められ、加筆されているが、大部分は天武・持統朝の内廷（のちの後宮）で編纂された現存するわが国最古の古典だが、2012年を現存『古事記』成立の1300年とする見解は採らない。

　大和岩雄の趣旨は、序文は偽作だが本文は偽作ではないということである。古事記は日本書紀とはまったく別物とする三浦佑之は大和岩雄との対談で古事記は712年に成立したとは考えられず、古事記は日本書紀とは別物でもっと古いとしている。

　しかし日本書紀の編纂途中に完成し、元明天皇に献呈された古事記が日本書紀と無関係に成立することなど、当時の状況からみてあり得ることだろうか。古事記への藤原不比等関与説はおいおい明らかにすることにして、日本書紀編纂者はアマテラスの誕生をどのように描いているだろうか。しかし、すでに述べたように井原教弼の指摘する日本書紀のシナリオの役割をはたしたという古事記が気にかかる。

　三浦佑之が言うように古事記は日本書紀より古くかつ別物であったと言えるだろうか。一方では上山春平は古事記と日本書紀は時代も内容も酷似していると指摘している。

　上山春平によれば、神代の巻に費やしている頁は日本書紀が古事記の2倍の文量だが、日本書紀の方は「一書に曰く……」として異伝を併記して

いるので、本文のみで言うと、古事記の半分の文量になる。そして「記紀」の神代の巻は前半部分のイザナキとイザナミ、後半の高天原系のアマテラスと根の国系スサノオを中心に構成されている。であれば井原教弼が言うように古事記は日本書紀のシナリオの役割をしたという指摘は当たっている。


### ※稗田氏は猿女君の一族

稗田氏は天鈿女命（古事記は天宇受売命、以下アメノウズメ）を祖とする猿女君の一族とされ、阿礼を女性とする説がある。事実、奈良県大和郡山市の稗田環濠集落の端に、古事記編纂に加わったとする稗田阿礼を主祭神、アメノウズメ、猿田彦命を副祭神とする売太神社がある。

アメノウズメと猿田彦（以下、サルタヒコ）の関係でいうと、天孫降臨の際、ニニギの一行が天の八衢までくると、高天原から葦原中国まで照らす神がいた。アマテラスと高木神（タカミムスヒの別名）にすすめられたアマノウズメがその光り輝く神にその名を問うと、その神は国津神のサルタヒコと名乗り、道案内するために迎えに来たと言う。

皇孫ニニギ一行が無事に葦原中国に着くと、ニニギはアメノウズメにその名を明らかにしたのだから、サルタヒコを送り届けて、その名前をつけて仕えるようにと言った（『日本書紀』では、サルタヒコがアメノウズメに自分を送り届けるように頼んだとある）。そこでアメノウズメは「猿女君」と呼ばれるようになったという。

サルタヒコは故郷である伊勢国の五十鈴川の川上へ帰った。そしてサルタヒコは伊勢の阿邪訶（現・松坂市）の海で漁をしていた時、比良夫貝に手を挟まれ、溺れ死んだ。

この際、海に沈んでいる時に「底どく御魂」、サルタヒコが吐いた息の泡が昇る時に「つぶたつ御魂」、泡が水面で弾ける時に「あわさく御魂」という３柱の神が生まれた。ちなみにサルタヒコ神社は三重県伊勢市宇治浦田の伊勢神宮内宮の近くの伊勢市宇治浦田に鎮座している。

# 4　蘇我王朝滅亡の象徴

## ❖オオアナムチの国譲り

　日本書紀神代下第 9 段正文に書かれているタカミムスヒの投げた矢でア
メノワカヒコ（天稚彦）が新嘗（にいなめ）の神床で死んだという話は、古代西アジア
の神話に年毎に死んで復活する穀霊神に似ている。アメノワカヒコが穀霊
神とみられることから、穀霊神としてアメノワカヒコが死んで、アジスキ
（味耜高彦根、アメノワカヒコの友）として復活したとみる説もある。

　一方、アジスキは紀記など葦原中国（下界）にいるオオアナムチ（フツ
ヌシとタケミカヅチに脅迫され国譲りした神。別名オオモノヌシ）の子神と書
かれていることから大化以前の始祖神である昆支の霊とみてよい。なぜな
ら『出雲風土記』神門郡高岸郷条（かんど・たかきし）に「天の下所造らしし大神の御子、阿遅
須枳高日子命、甚く夜昼哭き坐しき」とあり、また同仁多郡三沢郷条に
も「大神大穴持（おおあなもち）命の御子、阿遅須枳高日子命、御須髪八握（みひげやつか）に生（お）いるまで、
昼夜哭き坐（ま）して、辞通（ことかよ）はざりき」とある。

　この話は日本書紀のスサノオの髭が長く生えても泣いてばかりいたとい
う話や、垂仁の子のホムチワケの髭が長く生えるまでものを言うことがで
きなかった話に似ている。この 2 つの説話はスサノオ・ホムチワケ・アジ
スキが昆支の分身であることを物語っている。

　また日本書紀神代下第 9 段 1 書第 1 に「アジスキタカネヒコは容姿端麗
で、2 つの丘、2 つの谷に渡って照り輝いていた」と書かれていることか
ら、アジスキは蛇神とみられている。これはオオモノヌシ（大物主。日本
書紀崇神天皇 10 年 9 月条に登場）が蛇神であるのと共通している。加えて
アジスキのスキは日本書紀では「耜」、古事記では「須枳」と書かれてい
ることから、アジスキは農耕神ともみられている。

　アジスキとアメノワカヒコが家族に間違えられるほど似ていることや、
ともに農耕神とみられていることから、この二神は同一神であって、アメ
ノワカヒコは昆支の霊とみることができる。新嘗は大王（天皇）がその年

の新穀を神に捧げる行事であるから、新嘗の行事をしたアメノワカヒコは
葦原中国の王であったとみてよい。

　アメノワカヒコが昆支の霊であり、蘇我大王家の象徴であるならば、ア
メノワカヒコが高天原の司令神に反逆して殺されるという話は、継体系大
王家によって蘇我大王家が滅ぼされたことも物語っている。

　従来、アメノワカヒコとアジスキの正体が分からなかったために、アメ
ノワカヒコの物語は、国譲り神話と無関係であったとみられていたが、日
本書紀１書の第１異伝や古事記に登場する国譲りの物語は継体系大王家と
拮抗した蘇我王朝３代（馬子・蝦夷・入鹿）が滅ぼされたことを象徴して
いる。つまり物語はフツヌシ・タケミカヅチが登場する国譲り物語と同じ
性質のものとして、その前に挿入されている。


　※フツヌシの正体

　フツヌシは加羅系の尾張氏や物部氏との関係が深い神である。神武東征
物語のなかに神武の軍勢が紀伊国の熊野で、荒ぶる神に悩まされたとき、
アマテラスがタケミカヅチに助けに行くように命じたところ、タケミカヅ
チは自分の代わりに剣を天上から投げ落として、タカクラジ（高倉下）と
いう人物に与えた。

　タカクラジがその剣を神武に献上すると、神武の軍が蘇生したという話
がある。日本書紀はこの剣をフツノミタマとしているが、古事記はこの剣
をサジフツ（佐士布都）の神、ミカフツ（甕布都）の神、フツノミタマ（布
都御魂）と呼び、石上神宮に鎮座していると書いている。フツヌシという
名前はフツ＋ヌシ（主）と解釈され、フツノミタマ（布都御魂）を神格化
したものとみられる。

　『常陸風土記』信田郡条の「天地のはじめ、草木言語時、天より下った
神、名は普都大神が葦原中津国を巡り、荒ぶる神を平定した」という話は、
加羅系崇神王朝による倭国平定の史実を反映するフツヌシの説話に基づい
ている。

　ちなみに『常陸風土記』信田郡条には孝徳天皇４年（653、癸未年）に筑

波・茨城郡の700戸を分かち晋田郡を置いたことや、また大足日子天皇（景行）や倭武天皇巡幸の古老の話が掲載されている。黒坂命（神武天皇の皇子神八井の子孫多氏系の人物）が陸奥の蝦夷を征討したという記事から、おそらくこの地は蝦夷征討の境界地であったことを示している。

　一方の鹿島の神タケミカヅチは、日本書紀ではイザナキが火の神カグツチを斬ったとき、剣についた血から生まれた神とされているが、中臣・藤原氏の氏神であり、タケミカヅチが国譲りの交渉をした相手オオアナムチは昆支の霊で、かつ蘇我大王家の象徴である。したがって、タケミカヅチは乙巳のクーデター（645）の首謀者藤原鎌足の象徴ということになる。

　昆支の霊オオアナムチがタカミムスヒやアマテラスの要求に応じて、葦原中国を譲ったという話は、645年の乙巳のクーデターで蘇我大王家が継体系大王に王権を奪回された史実を示している。オオアナムチが葦原中国の平定に用いた広矛をフツヌシとタケミカヅチに授ける話も、スサノオが八岐大蛇から得た草薙剣を天神に献上した話と同じく、蘇我大王家が継体系大王家に王権を譲ったことを象徴的に物語っている。そしてオオアナムチとコトシロヌシが国譲りしたという話は、蘇我大王家が滅亡したことを意味している。

### ※出雲国造神賀詞

　継体王統が新しい始祖神アマテラスを作って王権に関する神話を再編成することができるようになったのは、律令国家成立の8世紀初頭とみてよい。そのころ出雲大社が完成し、「出雲国造神賀詞」が創作された。

　「出雲国造神賀詞」は『延喜式』（平安時代中期に編纂された律令の施行細則）で、三代格式（弘仁・貞観・延喜）の祝詞の1つであり、出雲国造が新しく就任した時の報告のために上京し、天皇の生命の長久（長く続くこと）などを祈る賀詞である。

　ちなみに『続日本紀』元正天皇霊亀2年（716）2月10日条に「出雲国造・外正7位上の出雲臣果安が斎をすまして神賀事を奏上した。神祇大副の中臣朝臣人足がその寿詞を天皇に奏上した。この日、百官たちも斎

をした。果安以下祝部に至るまで百十余人に位を進め、身分に応じて物を賜った」とある。

「出雲国造神賀詞」によれば、出雲国造が祭る神々として最初に熊野大神のクシミケヌ、（櫛御気野命）、次にオオアナムチが上げられ、国造の祖のアメノホヒがタカミムスヒラの命により皇孫の天下りに先立って国見して、国情が不穏であることを報告する。そのあとアメノホヒ（天穂日命）は子のアメノヒナドリにフツヌシをつけて天下りさせ、荒ぶる神たちを平定し、オオアナムチに国土を献上させる。そしてオオアナムチは自分の和魂（にぎたま）を大和のオオモノヌシという名で三輪山に鎮め、皇孫の近い守り神とさせて、自らは杵築宮（出雲大社）に鎮座する。

以上のことから出雲大社が創建されたのは710年代と推定される。日本書紀が成立したのは720年だから716年までには日本の王権神話の再編成は終わったと考えられる。


※日が沈むところ出雲

それではなぜ出雲国造は熊野大社の祭神クシミケヌと出雲大社の祭神オオアナムチを祭るようになったのだろか。穀霊神とされているクシミケヌはすなわちスサノオ＝昆支である。出雲の熊野大神は欽明時代に建国神として各地に祭られた昆支の霊である。出雲臣氏の祖はアマノホヒとされているが、アマノホヒを祖とする氏族は山陰・北陸・大和・山城・近江や東国などに分布し、東国の24の国造のなかで11国造を占めている

ちなみに日本書紀神代上第6段正文によれば、スサノオがアマテラスとの誓約（うけい）の際、アマテラスの物種をかみ砕いて生まれた神がアマノオシホミミ（天忍穂耳）であり、次に生まれた神がアマノホヒであり、そのアマノホヒは出雲臣と土師連の祖であるとしている。またアマノホヒは日本書紀下第9段正文によればタカミムスヒの命によって葦原中国の征討に派遣されるが、オオアナムチに媚びて3年たっても何の報告もしなかったと書かれている。

『続日本紀』称徳天皇神護景雲元年（767）12月条に「6日武蔵国の人で

外従5位下の丈部直不破麻呂ら6人に武蔵宿禰の姓を賜った。8日外従5位下の武蔵宿禰不磨呂を武蔵国の国造に任じた」とある。丈部直氏は『新撰姓氏録』に「大彦命の後成り」と書かれている丈部造氏の同祖とみられているが、大彦は紀記にみえる崇神時代の四道将軍の1人である。崇神は加羅系の渡来王だから、767年に武蔵国造となった丈部直氏は加羅系の氏族とみてよい。

　埼玉県行田市の稲荷山古墳から出土した鉄剣銘文から、この古墳の被葬者ヲワケ臣はオオオヒコを祖先としているが、オオヒコは四道将軍の1人大彦と同一人物と考えられる。ヲワケの臣も加羅系の豪族である。そして稲荷山古墳を含む埼玉古墳群は武蔵国造の墓とみられるので、6世紀前半から中頃の武蔵国造も加羅系であったとみてよい。

　「出雲国造神賀詞」に、アマノホヒがオオナムチを媚び鎮めたとあるのは、蘇我大王家の時代に出雲臣が国造として大王家に服従し、熊野大神すなわち昆支の霊を祭っていたことを示している。

　継体系の天皇家は7世紀末に大和から見て日が昇る伊勢に新しい皇祖神アマテラスを祭った。そして8世紀初めに西の出雲の地に古い皇祖神である昆支の霊をオオアナムチの神として祭ることにし、出雲国造に祭祀を司らせた。オオアナムチを祭る地として出雲が選ばれたのは、出雲が大和から見て日が沈む所であり、根の国の入り口とみられていたからである。

　大祓の祝詞では、根の国・底つ国はあらゆる罪が追いやれるところとされている。始祖王昆支の霊であり、かつ蘇我大王家を象徴するオオアナムチが出雲に追いやられたのは、継体系の天皇家にとっては王権を脅かす危険な神であったからである。タケミカヅチは火の神カグツチから生まれて神である。古事記の国譲り神話ではオオクニヌシの子の子タケミナカタ（建御名方）がタケミカヅチと争って敗れる国譲りの話は645年の中大兄と中臣鎌足によるクーデターに蘇我大王家が滅亡したことを如実に言い表している。

# 第3章　日本書紀と古事記


## 1　アマテラスとスサノオ


### ※ 4つの伝承

　日本書紀の神代巻本文（正文）のアマテラスとスサノオ（素戔嗚尊）の伝承は大きくわけて次の4つ分けることができる。①スサノオとアマテラスの誕生、②スサノオとアマテラスの誓約、③アマテラスの天岩屋戸の隠れとスサノオの追放、④出雲における八岐大蛇の退治の4つである。この4つのテーマを通してみるとスサノオ＝オオモノヌシという構造が明らかになる。その粗筋を次にまとめてみる。

① 　イザナキ（伊邪那岐）とイザナミ（伊邪那美）は大八州国や海・川・山などを生んだ後天下の主を生むことにした。日の神オオヒルメノムチ（大日霊貴＝アマテラス）を生み、天に送って天上を治めさせた。次に月の神（月弓・月読）を生んだ。この神も日と並んで治めるのがよいとして天に送った。次にヒルコ（蛭子）を生むが、ヒルコは3歳になるまで脚が立たないので、天磐櫲樟船に乗せて風のまにまに放ち棄てた。
　　次にスサノオを生むが、勇ましくはあるが残忍なことを好んだ。そして常に泣いてばかりいた。そのため国内の人民が多数若死にし、青山が枯れ山となった。イザナキとイザナミは「お前はまったく乱暴者だ。これでは天下に君臨することはできない。遠く根の国に行ってしまえ」と命じた〔神代上第4段正文〜同5段正文〕。

② 　根の国に行くことになったスサノオは、イザナキの許しを得て姉のア

マテラスに別離の挨拶をするために高天原(たかまのはら)に上って行った。そのとき海も山もどよめき揺れ動いた。高天原を奪いに来たのではないかと思ったアマテラスは武装して待ち構えた。そこでスサノオは「誓約(うけい)をしましょう。もし私が生んだ子が女だったら、私に汚い心があり、男だったら清い心があると思ってください」と和解の提案をした。アマテラスはスサノオの誓約の提案を受け入れた。

　まず、アマテラスがスサノオの十塚剣(とつかのつるぎ)を受け取り、3つに折って天真名井(あまのまない)の水で洗い、噛み砕いて吐き出すとタコリヒメ(田心姫神)・タギツヒメ(湍津姫神)・イチキシマヒメ(市杵島姫神)の三女神が生まれた。次にスサノオがアマテラスから八坂瓊(やさかに)の五百箇御統(いおつみすまる)を貰い受け、天眞名井の水で濯ぎ噛みに噛んで吹き出した。するとマサカアカツカチハヤヒアメノホシホミミ(正勝吾勝勝速日天之忍穂耳命、以下アメノホシホミミ)・アメノホヒ(天穂日命)・アマツヒコネ(天津彦根命)・イクツヒコネ(活津日子命)・クマノクスヒ(熊野櫲樟日命)の五男神が生まれた。

　この時、アマテラスは「そもそもその物実(ものざね)(材料)である八坂瓊の五百箇御統は私のものである。それ故、五男神は全部私の子である」と言って五男神を引き取って養育した。また「十握剣はスサノオのものである。三女神はすべてお前の子である」とし、三女神をスサノオに授けた。これが筑紫の胸肩君らが祭る神である〔神代上第6段正文〕。

③　その後、スサノオは荒れに荒れた。春にはアマテラスの田に種を重ねて播き、田の畔(あぜ)をこわし、秋には天斑駒(あまのぶちこま)(まだら毛の馬)を放って田を荒らした。またアマテラスが新嘗(にいなめ)の祭(新穀を神に供える祭事)を行っているときに、その新宮に糞(くそ)をした。またアマテラスが神衣を織るために斎機殿(いみはたどの)にいるのを見計らって、天斑駒の皮を剥ぎ取って、その建物の屋根に穴をあけて投げ入れた。

　驚き慌てたアマテラスは機織り道具の梭(ひ)で傷を負った。スサノオの乱暴狼藉に怒ったアマテラスはついに天岩屋に閉じこもった。そのため国中は暗闇となった。八十万(やそよろず)の神たちは、天安河(あまのやすかわ)のほとりに集まってそ

れぞれ知恵を出し合った。

　オモイカネ（思兼神）が深謀遠慮をめぐらし、長鳴鳥を集めて鳴かせた。またタジカラオ（天之手力男神）を岩戸の側に立たせ、アメノコヤネ（天児屋根命）とフトタマ（太玉命）が、天香具山の榊を掘ってきて、それに玉飾り・鏡・幣を懸けて祈り、アメノウズメ（天鈿女命）が天岩屋の前で神がかりして踊りしゃべった。

　アマテラスはこれを聞いて不思議に思い、天岩屋の戸を細目に開けて外を見た時、タヂカラオがアマテラスの手をとって外に引き出し、アメノコヤネとフトタマが戸口にしめ縄を張って、「もう内に戻らないでください」と言った。諸神はスサノオに罰としてたくさんの供え物させ、髪を抜いた。また手足の爪を抜いて罪をあがなわせた。そしてついにスサノオを高天原から追放した〔神代上7段正文〕。

④　高天原から追放されたスサノオは、出雲の国の簸の川の川上に降り立った。

　川上に泣き声がするので尋ねて行くと、老人と老女が少女をはさんで泣いていた。スサノオが泣くわけを問いただすと、老人は「私は国つ神で、名はアシナヅチ（脚摩乳）、妻はテナヅチ（手摩乳）、この少女は娘のクシナダヒメ（櫛名田比売）です。私たちにはもと8人の娘がいましたが、逃れる方法がないので悲しんでいます」と答えた。するとスサノオは「それならば、私に娘をくれないか」と頼むと「仰せの通りにします」という。

　スサノオは少女を櫛に変えてみずら（角髪）に挿し、老夫婦によく醸した酒を造らせ、仮作りの棚を八面設け、各々に1つの桶を置き、酒を入れさせて待った。果たして大蛇がやってきた。頭と尾がそれぞれ8つあり、眼は赤ホウズキのようで、松や樫が背に生え、8つの山と8つの谷の間に広がっていた。

　大蛇は酒のあるところに来ると、8つの頭を8つの桶に入れて飲み、酔って眠ってしまった。スサノオは十握剣を抜いて大蛇を寸断したが、

尾を切ったとき、剣の刃が少し欠けたので、その尾を割いてみると中に1つの剣があった。これが草薙剣であった。「これは不思議な剣である。どうして自分が私物としてもっておられようか」言い、天神に献上した。

　スサノオは結婚するのに良い場所を探して、出雲の清地に着き、「私の心はすがすがしい」と言った。それでこの地を清という。そこで、夫婦の交わりをし、子のオオアナムチを生み、アシナヅチ・テナヅチをオオアナムチの宮の首長に任じ稲田宮主神という名を与えた。そしてスサノオは根の国に行った〔神代第8段正文〕。

# 2　スサノオの追放

### ※スサノオの子イタケル

古事記によれば、出雲に追放がきまったスサノオ（須佐之男）は食物神オオゲツヒメ（大気都比売）を殺して五穀を生じさせたと次のように書かれている。「神々はオオゲツヒメに食べ物を求めた。するとオオゲツヒメは鼻・口・尻からさまざまな美味しいものを取り出した。そしてさまざまに料理して差し上げた。この様子を窺っていたスサノオは汚くして差し上げるのだと思い、たちまちオオゲツヒメを殺してしまった」とある。

　この古事記の場面は日本書紀正文と異なる箇所もあるが、おおよそは同じである。8世紀前半に編纂された『出雲風土記』にもスサノオ（須佐能袁）が4ヵ所に登場するが、飯石郡須佐郷の条には「スサノオの命が"この国は小さい国とはいえ、国として手ごろで良いところである。だから私の御名は木や石などには付けまい"と、おっしゃってすぐに自分の御魂をここに鎮めおかれた。そして大須佐田・小須佐田を定めた」とある。

　この説話は須佐の地とスサノオの関係を示していることから、4ヵ所のなかで最も重要な4ヵ所と言える。飯石郡の須佐郷には式内社（平安時代の法令集神名帳に記載された神社）の須佐神社がある。この神社は古くから

スサノオを祭っていることから出雲の土着の神であると伝えられている。

しかし紀伊国在田郡にも式内社の須佐神社がある。紀伊国はスサノオと関係が深い。日本書紀神代上第 8 段第 4 異伝によると、高天原から追われたスサノオはその子イタケル（五十猛）を連れて新羅のソシモリ（曾尸茂梨）にいた後 “この地にいたくない” といって、東に渡って、出雲の簸の川上にある鳥上の峰に至り、その地で大蛇を殺して草薙剣を得た。イタケルは樹種（木の種子）をたくさんもって天から降り、韓地（朝鮮の地）に植えないで、筑紫からはじめて大八州全土に播いてすべて青山とした。紀伊国に祭られている大神はこの神であるという。

同書第 8 段第 5 異伝によるとスサノオは “韓郷の島には金銀がある。我が子が治める国に舟がないといけない” と言って、自分の体の各部分の毛を抜き、それら杉・檜・槙・樟 に変えて、その用途を決めた。そして “杉と樟は舟を、檜は宮を、槙は寝棺を作るのによい。そのためたくさんの木の種子を播こう” といった。スサノオの子のイタケルとその姉のオオヤツヒメ（大屋津姫命）、妹のツマツヒメ（抓津姫神）はよく種子を播いたが、スサノオはこの子たちを紀伊国に渡らせ、自分は熊成峰にいた後、根の国に入ったという。

紀伊国名草郡にはイタケルを祭る式内社伊太祁曽神社（和歌山県和歌山市伊太祈曽 558）があり、イタケルの妹の二女神も同郡の 2 つの式内社、大屋都比売神社と都麻都比売神社が祭られている。また熊成峰は紀伊の熊野と見る説がある。

## ❖ヤマト王朝の始祖神スサノオ

それでは先の①話で紹介したスサノオはイザナギからどの世界を支配するように命じられたのであろうか。アマテラス（日神）・ツクヨミ（月神）・スサノオの 3 者の支配する世界については、日本書紀には 4 種の所伝があり、古事記の所伝と合わせると次の 5 種になる。

|  | アマテラス | ツクヨミ | スサノオ |
|---|---|---|---|
| 書紀本文 | 天上 | 日に並ぶ | 根の国 |
| 1書の1 | 天地 | 日に並ぶ | 根の国 |
| 1書の6 | 高天原 | 青海原 | 天下 |
| 1書の11 | 高天原 | 日に並ぶ | 青海原 |
| 古事記 | 高天原 | 夜の食国 | 海原 |

　1書の6ではスサノオは「天下を治べし」とイザナギに命じられたが、長い髭をはやし、天下を治めず、泣き恨んでいたので根の国に追放されたと書かれ、"治天下"の権利を与えられたという、この伝承は重要な意味を持っている。

　なぜならば、治天下の例として熊本県玉名郡菊水町の江田船山古墳出土の太刀銘に「治天下獲□□鹵大王」とあるが、この大王は埼玉県行田市の稲荷山鉄剣銘文に「獲加多支鹵大王」と刻まれた大王欽明（在位531−571）とみられるからである。

　「天下」は「倭国の全国土」を、「治天下」は「超越者として倭国の全国土を治める」を意味しているので、「治天下」はヤマト王朝の大王の性格を表す語とみることができる。スサノオが国土生成の神イザナギから治天下の権利を与えられたということは、スサノオがかつてヤマト王朝の始祖神であったことを物語っている。

　スサノオの子オオアナムチの性格も、スサノオがヤマト王朝の始祖神であることを示している。オオアナムチは日本書紀の1書の6に国作大己貴命とあり、『出雲風土記』には所造天下大神（天下を造られた大神）とあり、日本書紀の同じ1書にはオオアナムチは葦原中国を平定し、1人でこの国を治めていると記されている。

　葦原中国は「葦原の国」や「葦原の瑞穂の国」と同じく、百済系の倭国すなわちヤマト国家の古い呼び名とみられる。肥後和男著の『日本神話の研究』によれば、子神は親神の分身であり、オオアナムチが持つ性格は親神であるスサノオが持つ性格である。

　したがってスサノオが支配する世界を根の国とか海原などと書いている所伝は、スサノオがヤマト王朝の始祖神であったことを隠すために、新しく作られたものとみてよい。日本書紀本文（正文）の所伝は、イザナギ・イザナミが「天下の主者」を生もうといって子を生みながら、治天下の権利をどの子にも与えなかったという矛盾した話になっている。これはスサノオが始祖神であったことを隠した結果である。

#### ※スガ＝蘇我＝東加羅

　それではスサノオという神名は何を意味しているのだろうか。スサノオのスサは『出雲風土記』にスサノオが自分の魂を鎮めたとある出雲国飯石郡須佐郷の須佐と同義と考えられるが、この地には式内社須佐神社がある。須佐神社の境内に接して素鵞川が流れている。日本書紀の古訓では蘇我はスガと読まれている。素鵞川という川の名はスガという地を流れていたからつけられたものとみられるから、素鵞川を流れる須佐の地はスガとも呼ばれていたに違いない。

　スカ・スガは第1章でも述べたようにヤマト王朝の始祖となった百済王族の昆支が建てた国名のスカラ（東加羅）に由来する。石渡信一郎著の『日本地名の語源 ── 地名からわかる日本古代国家』（三一書房、1999年）によれば、このスカラはソカラ・サカラなどとも呼ばれていたうえ、古代ではラ行の音とタ行の音が交替したから、スカラ・サカラはスカタ・サカタとなり、さらにカが脱落してスタ・サタとなった、とある。島根県佐多町にはアサカラ（大東加羅）のカがハと交替した地名とみられる朝原という地名もある。したがって須佐神社がある佐田町のサダはサカラに由来するとみてよい。

　日本書紀は出雲の五十狭狭の小汀を五十田狭の小汀と書いており、古くはタとサが交替したことがわかるから、須佐という地名は、スカラがカラ→スタ→スサと変わったもので、須賀と同義と考えられる。ちなみに、栃木県那須郡黒羽町須佐木の近くには、須賀川という地名があるが、スサもスカもスカラ（東加羅）に由来するとみれば納得がいく。

スサ＝スカ＝スカラとすれば古事記に須佐之男と書かれているスサノオという名は、「東加羅の男」の意で「東加羅の男神・男王」を意味するとすれば、スサノオはヤマト王朝の始祖王昆支（応神）の分身ということになる。

## ※百済の王子昆支の分身スサノオ

百済の王族昆支は461年（雄略天皇5年）倭国に渡来し、加羅系崇神王朝倭王済に婿入りして、470年代後半に倭王興の後を継いで倭国王に即位した。『宋書』倭国伝にみえる倭王武は昆支のことである。

昆支はコムキ・ホムチ・ホムツ・ホムタとも呼ばれた。誉田陵（伝応神陵）は日本書紀雄略天皇9年（465）7月1日条に「ホムタノミササギ」と書かれているので、昆支王の墓とみることができる。昆支は5世紀末ごろ倭国の国名をナムカラ（南加羅）からスカラ（東加羅、ヤマト国家）に変え、その初代王となった。

日本書紀応神天皇即位前紀の一説に「敦賀の気比大神と名前を交換して、大神がイザサワケ（去来別）、太子がホムタワケ（誉田別）といったと書かれている。応神がホムタ・ホムダ（誉田）と書かれているように古代日本語では清音と濁音が通じたのでイザサワケのイザサはイササに通じた。

イササといえば、出雲の五十狭狭の小汀があり、新羅から渡来したとされるイササは、みな大東を意味するイサカラに由来する。イサカラのイは「大」を意味し、ササは須佐神社がある佐田町のサダ（サダ＝サタ）と同源で、サタのタがさと交替したものと考えられる。

スサノオ神話と古事記のホムチワケ伝説が似ていることは神話学者によって指摘されている。これはスサノオが昆支の分身であるからである。古事記には垂仁天皇の子ホムチワケは「八拳髭心前に至るまで成人しても泣いてばかりいて、ものを言うことはなかった」と書かれている。

日本書紀垂仁天皇23年（紀元前7）9月2日条に「ホムツワケはすでに生年30歳、髭も大そう伸びたのに、なお泣いてばかりいて赤児のようであった」とある。始祖王が嬰児形をとることと、ホムチワケ・ホムツワケ

のホムツが昆支の別名ホムチ・ホムツと同じことからみて、ホムチワケは昆支の分身である。

### ※ヤマトタケル伝説の類似性

　古事記によれば、出雲に行ったホムチワケ（本牟都和気命）はその地のヒナガヒメ（肥長比売）と一夜同衾したが、そのあとでその美女をのぞき見すると、姫の正体は蛇であったので怖れて逃げ出したという。ヒナガヒメはその名前から肥の河の蛇姫とみなされている。

　古事記のこの話は、日本書紀神代上第 3 正文の出雲の肥の河のほとりで大蛇を退治した後にクシイナダヒメ（奇稲田姫、クシナダヒメ）と結婚したスサノオの八岐大蛇神話と比べると、2 つの話の筋が完全に反対になっていることがわかる。2 つの話がこのように類似しているのは、昆支という同一人物を材料にして作られたと考えれば納得がいく。

　同様のことが日本書紀ヤマトタケル（日本武尊）伝説についてもいえる。日本書紀景行天皇 40 年（西暦 140）是年条に「ヤマトタケルが相模から上総に渡ろうとしたとき、暴風雨で船が沈みそうになった。この時、オトタチバナヒメ（弟橘媛）がヤマトタケルを救った話が書かれているが、古事記の伝承では「オトタチバナヒメ（弟橘比売）が入水するときに“さねさし　相模の小野に　燃ゆる火の　火中に立ちて　問ひし君はも”と歌ったその 7 日後に、后の櫛が海辺に流れついた。そこでヤマトタケルは墓を造ってその櫛を納めたとある。

### ※伊吹山の神に敗れたヤマトタケル

　『日本神話の特色』で吉田敦彦が指摘しているように、スサノオはクシナダヒメの生命を救うことによって妻を獲得した。その反対にヤマトタケルは妻のオトタチバナヒメによって命を助けられ、その結果妻を失っている。クシナダヒメはスサノオによって櫛に変えられて、命を助けられた。これに対してオトタチバナヒメは、ヤマトタケルの命を助けたうえで、櫛に変わって海岸に打ち上げられている。

また同じ日本書紀景行天 40 年条に「ヤマトタケルは伊吹山の神を退治に剣をおいて出掛けたが、大蛇になっていた山の神が起こした雲や霧に悩まされ正気を失った」と書かれている。スサノオは大蛇を退治したが、ヤマトタケルは大蛇になった山の神に敗れている。またスサノオは大蛇を退治して剣を得ているが、ヤマトタケルは剣を置いて出掛け大蛇に敗れている。ではなぜスサノオ神話とヤマトタケル伝説はこのように類似しているのだろうか。その理由について石渡信一郎は次のように答えている。

　　ヤマトタケル伝説は倭王武であった昆支とその子の大王欽明の伝承からつくられている。倭王済は『宋書』倭国伝に「倭王済」と記されており、倭王家の姓は倭であったとみられている。したがって武（昆支）も倭武（ヤマトタケル）大王と呼ばれていた。そして『常陸風土記』にはヤマトタケルは「倭武天皇」と書かれているので、倭王武はタケル大王とも呼ばれていたとみてよい。

　　欽明は埼玉県行田市の稲荷山古墳出土の鉄剣銘に「獲加多支鹵大王」と刻まれた大王で、ワカタケルとも呼ばれた。そこで日本書紀の編纂者は、大王倭武（昆支）の倭をヤマト、武をタケルと読み、ヤマトタケルという名を作り出し、諸国のタケル部などに伝えられた昆支と欽明の伝承からヤマトタケル伝説を作ったと考えられる。したがってヤマトタケルは欽明の分身であるとともに昆支の分身でもある。ヤマトタケル伝説とスサノオ伝説がよく似ているからである。

　　『出雲風土記』は律令国家の政府が任命した出雲の国造家らが編纂したものであるから、日本書紀と同様、スサノオがヤマト王朝の始祖王昆支の分身であることを隠している。スサノオの悪神としての性格は、継体王統の立場から見れば王位の簒奪者である蘇我王朝（馬子・蝦夷・入鹿）の分身としての性格である。スサノオが「紀記」によって悪神とされているにも関わらず、日本各地に祭られているのは、スサノオが本来はヤマト国家の始祖神であったからである。

# 3　出雲王朝はなかった

### ◈四隅突出型方墳と三角縁神獣鏡

　スサノオの子オオアナムチ（別名オオクニヌシ）は中央で作られた神であって出雲の土地神ではない。島根県簸川郡簸川町の荒神谷遺跡から358本の弥生時代の銅剣が出土したことから、弥生時代の出雲に強力な国があったとする学者・研究者がいる。しかし弥生遺跡の出土鉄器の数からみても、出雲は北部九州や畿内よりはるかに少なく「紀記」神話に書かれているほど強力なクニが出雲にあったとは考えられない。

　また出雲地方の古墳時代が、畿内にみられない四隅突出型方墳で始まることから、古墳時代前期の出雲地方に畿内と対立したクニがあったと唱える郷土史家や作家・知識人がいる。しかし四隅突出型方墳は出雲独自のものではなく、島根県の石見や鳥取県や伯耆や因幡にもあり、類似するものは富山県越中などでも発見されている。

　古墳時代前期の出雲地方には四隅突出型方墳の後を受けて、西部の斐伊川中流域と東部の中海南海岸地域にいくつかの方墳が出現する。その中の1つである斐伊川中流域に築造された神原神社古墳からは「景初3年」銘の三角縁神獣鏡が出土している。また同じ中海南海岸地域の大成古墳からも三角縁神獣鏡が出土している。

　これらの三角縁神獣鏡は加羅系崇神王朝が、その支配下にあった豪族に分与された銅鏡と考えられる。出雲地方の前期の方墳の内部は竪穴式石室が主体である。竪穴式石室は加羅系渡来集団がもたらしたものであることからも、古墳時代前期の中頃までには出雲地方は加羅系崇神王朝の支配下にあったとみてよい。


### ◈垂仁の子ホムツワケ

　日本書紀は垂仁時代に垂仁の子ホムツワケの名をとってホムツ部を設置したと書いているが、すでに述べたようにホムツワケは大王昆支の別名ホ

ムツから作られた架空の人物である。『播磨風土記』賀毛郡品遅部村の条に「品太天皇の世に品遅部の子孫がこの地を賜ったので品遅部村という」とある。

品太天皇は大王応神すなわち昆支であるから、ホムチ部は昆支の別名ホムチの名をつけた部とみることができる。ホムチ部は大和・伊勢・越前・越中・但馬・出雲・播磨・備後・周防・阿波などに分布する。大王昆支時代にホムチ部は設置された。出雲がヤマト王朝の支配下に入ったのは昆支大王の時である。

### ❖日本書紀神代上第8段第6異伝

古事記はオオアナムチ（オオクニヌシ）を出雲の神としているが、蘇我氏をただの豪族としていることからも、古事記は645年の乙巳のクーデター以後書かれたものであり、多くの古代史研究者が指摘するほど古い本ではない。オオアナムチが出雲の国の建国神でないことは次に引用する日本書紀神代上第8段第6異伝からも明らかである。

オオクニヌシ（大国主神）は〔またはオオモノヌシとも国造りのオオアナムチ（オオナムチ）と申し、またはアシハラノシコオと申し、またはヤチホコと申し、またはオオクニタマと申し、またはウツシクニタマと申す〕、その子らは合わせて181柱である。

さて、オオアナムチはスクナヒコナ（少彦名）と力と合わせ心を1つにして天下を経営した。人民と家畜のために昆虫・災害を除くためにまじないの方法を定めた。

かつてオオアナムチはスクナヒコナに「我々は立派に国を造ったと言えるだろうか」と問うと、「できた所もあり、また、できていない所もある」とスクナヒコナ。その後、スクナヒコナは熊野の岬に到着してから常世郷に行ってしまった〔別伝では、淡島に着いて、粟の茎に昇ったところを弾かれて、常世郷に着いたという〕。

これより後、したがって国の中でまだ国造をしていない所をオオア

ナムチが完成させた。こうしてオオアナムチは出雲国に着き、「もとより葦原中国は荒れた国であった。磐や草木に至るまですべて強暴であった。しかし私はすっかりくだき伏せた。服従しないものはなくなった」と宣言した。

　さらに「今、この国を平定したのは、この私ただ1人である」と言った。するとその時、神々しい光が海を照らして忽然と姿を現した者が「もし、わたくしがいなかったらどうしてうまくこの国を平定することができたであろうか」と言った。

　「ならばあなたはいったい誰だ」とオオアナムチ。「私はあなたの幸魂・奇魂である」と海に忽然と浮んだ者が言う。「確かにその通りだ。あなたは私の幸魂・奇魂であることはわかった。今、どこに住みたいと思うか」とオオアナムチ。

　「私は日本国の三諸山（奈良県桜井市の三輪山）がよい」と幸魂・奇魂を名乗る者。そこでオオアナムチはその者（神）の宮殿を三諸山に造営して住まわせた。これが大三輪の神である。

　この神の子は甘茂君たち・大三輪君たち、またヒメタタライスズヒメ（姫蹈鞴五十鈴姫命）である。別伝にいう。コトシロヌシ（事代主神）がヤヒロクマワニ（八尋熊鰐、大きなサメ）に変化して、ミシマノミゾクイヒメ（三島溝橛姫、玉櫛姫）の許に通ってヒメタタライスズヒメを生んだ。この姫が神日本磐余彦火火出見天皇（神武天皇）の后である。

　オオアナムチが国を平定した時、出雲国の五十狭狭の小汀（島根県簸川郡大社町稲佐の浜）に行き着いて食事をした。この時、海上に突然人の声がした。しばらくして1人の小さな男が、がが芋の皮で舟を造り、鷦鷯の羽を衣服にして、潮流のまにまに浮び着いた。

　オオアナムチはさっそくそれを取り上げて、草叢において弄んでいると、いきなり飛び跳ねて頬に噛みついた。そこでこの小男の姿かたちを怪しみ、天神に伝えた。

　この時、タカミムスヒ（高皇産霊）がこのことを聞いて、「私が生

んだ子は全部で1500柱である。この中の一柱はたいそう悪くて、教えに従わない。指の間からこぼれ落ちたのがきっとその子であろう」と言った。これがすなわちスクナヒコナである。

◈建国神オオアナムチ

　この日本書紀神代上第8段の最後の第6異伝を読むと、オオアナムチは国の中を巡って国作りをした後、出雲に到着したとあることから、オオアナムチが国作りをしたのは出雲の国だけではないことがわかる。また、オオアナムチが出雲に到着した後で、自分は荒れて広い葦原中国を平定したといっているが、この葦原中国が出雲の国を指していないことも確かである。

　この記事では「天下を経営る」「天下を理む」という言葉が使われているが、先に述べたように「治天下」の権利はヤマト王朝の大王のものとされていたのだから、オオアナムチが天下を経営し、国作りをしたということは、オオアナムチが倭国を政治的に統一した神、すなわち倭国の建国神であることを示している。

　『続日本紀』称徳天皇天平神護2年（766）6月5日条に「大隅国の桜島の噴火で神が新しく造った島（三島）」とあり、同光仁天皇宝亀9年（778）12月12日条に「去る天平神護中（2年6月5日条）に、大隅国の海中に神が島を造った。その名を大穴持神という（現在国分寺広瀬に鎮座）。ここに至って官社とした」とある。こうしたことからも、国作りをしたオオアナムチが本来はヤマト国家の建国神すなわち始祖王昆支の霊であったことを物語っている。


## 4　三輪山に祭られた大王霊


◈建国神スクナヒコ＝オオアナムチ

　オオアナムチとともに国作りをしたスナクヒコナ（少彦名）は、スクナ

イコ・スクナミカミとも書かれているが、スクナヒコナのスクナは「少」
は、オオアナムチのオオ「大」の反意語で、スクナヒコナという名前は、
オオアナムチという名前から作り出されたと考えられる。

　オオアナムチとスクナヒコナは『出雲風土記』『播磨風土記』にも一緒
に登場し、『文徳実録』〔文徳天皇の嘉祥 3 年（850）から天安 2 年（858）まで
の平安時代の歴史書〕には、常陸国鹿島郡に降臨したオオアナモチスクヒ
コナと名乗る一柱の神として記録されている。また万葉集（巻 18・4106）
に「おほなむち　すくなひこなの　神代より」とあり、万葉集（巻 7・
1247）に「ほほなむち　少御神の　つくらしし　妹背の山を　見らくし良
しも」とある。

　日本書紀崇神天皇 5 年条には「国内に疫病が多く、民の死亡する者が人
口の過半数におよぶほどであった」と書かれ、これは三輪山のオオモノヌ
シの祟りによるものされた。そこで崇神天皇 7 年（紀元前 31）オオモノノ
シの子オオタタネコ（大田田根子）を茅渟県の陶邑から連れてきて、オオ
モノヌシを祭らせたところ、疫病が収まり、国内も鎮まった。

　この伝承は三輪山の神オオモノヌシの祭祀が三輪君らの祖によって始め
られたことを物語っている。日本書紀はその年を崇神天皇 7 年としている
が、この「崇神紀」の記事は昆支の霊（オオモノヌシ）が三輪山に祭られ
た年代を数世紀繰り上げている。

　オオモノヌシは昆支の分身であるから。オオモノヌシの子とされている
オオタタネコは昆支の子ということになる。昆支の子は欽明であるならば、
オオタタネコと欽明は同時代人ということなる。とすると三輪君の祖オオ
タタネコと三輪君特牛（三輪君逆の父）はともに欽明時代の人物というこ
とになる。

### ❖三輪山の大王霊＝昆支の霊

　日本書紀崇神天皇 7 年 8 月 7 日条に「天皇は多く王卿（まえつきみ）を
集め、オオタタネコに“そなたはだれの子か”と尋ねた。オオタタネコは
“父をオオモノヌシ、母はイクタマヨリヒメです。スエツミミ（陶津耳）

の娘です”と答えた」と書かれている。

スエツミミは陶邑の百済系渡来集団の首長と考えられる。欽明天皇の磯城島金刺宮は三輪山の麓にある。欽明は自分の父であり、ヤマト王朝の初代大王である昆支の霊を、倭国の建国神として三輪山に祭り、欽明の異母兄弟であった三輪君特牛をその祭主としたにちがいない。

三輪山の山ノ神遺跡からは5世紀ものと思われる遺物が出土している。大神神社の禁足地や拝殿前殿からは布留式土器も発見されている。三輪山の祭祀そのものは、崇神王朝の時代から行われていたと考えられる。三輪山に祭られた昆支の霊は、大王霊であった。

日本書紀敏達天皇10年（581）年条に、蝦夷が辺境を侵したので天皇が蝦夷の首領アヤカス（綾粕）を呼び出して責めたところ、アヤカスは“三輪山に向かって、子々孫々に至るまで忠誠を尽くすことを誓い、もし誓いに背いたら天地の諸神と天皇霊に自分たちの種族はほろぼされるだろう”と言ったとある。

「天皇霊」は本来「大王霊」と書かれていたと考えられる。この敏達紀の記事から乙巳のクーデター以前は三輪山にヤマト王朝の大王霊が祭られていたことがわかる。代々の大王は即位後その大王霊を身につけることによって、大王の地位と威力を保証されることになったのである。この大王霊が始祖王昆支の霊であることはいうまでもない。乙巳のクーデター以後、三輪山に大王（天皇）が祭られなくなったのは、昆支の霊が始祖神・大王（天皇）霊としての地位を失ったからである。

大王霊は「日の御子の霊」を意味する日神であるから、三輪山の神昆支の霊も日神である。日本書紀はオオアナムチを（別名オオクニヌシ）の幸魂奇魂がまつられた場所を「日本国の三諸山」としか書いていない。しかし古事記は「倭の青垣の東の山の上」「御諸山の上（へ）」と書いている。

大和岩雄の『神社と古代王権祭祀』によれば、かつて三輪山の山頂には式内社の神坐日向神社があり、『大神祭崇秘書』には、この神社の祭神は「日本大国神」で、暁に日輪のように輝きながら天降ったと書かれている。これらのことは昆支の霊が三輪山山頂に上る朝日にたとえられていた

とみてよい。


### ◈箸墓の語源

　7世紀後半以降、三輪山の神である昆支の霊が日神の座を奪われたのは、継体系の大王家が新しい日神アマテラスを作ったからである。日本書紀崇神天皇10年9月25日条に次のような記事がある。


　　ヤマトトトビモモソヒメ（倭迹迹日百襲姫命、以下モモソヒメ）はオオモノヌシの妻となった。ところがオオモノヌは昼に現れず、いつも夜だけ通ってきた。モモソヒメは「あなたは昼お見えにならないので、お顔をみることができません。どうか明朝、謹んで美しいお姿を拝見いたしたいと思います」と言った。オオモノヌシは「明朝お前の櫛笥（くしげ）に入っていよう」と言った。

　　モモソヒメは不思議に思い、夜が明けるのを待って櫛笥を見ると、美しい小蛇が入っていた。とたんにヤマトトトヒメは驚き叫んだ。するとオオモノヌシは人の姿に化身して「お前は我慢ができず、私に恥を書かせた」と言って御諸山（三輪山）に登って行った。そこでモモソヒメは天空を去り行く神オオモノヌシをみて尻餅をついた。そして箸で陰部を突いて死んでしまった。

　　そこで大市（桜井市の北方、箸中）に葬った。それゆえ時の人はその墓を名づけて箸墓といった。この墓は、昼は人が造り、夜は神が造った。大坂山の石を運んで築造したのである。山から墓に至るまで、人民が立ち並び、石を手から手へ渡して運んだ。時の人は次のように歌った。


　大坂に　継ぎ登れる　石群（いしむら）　手遞伝（たごし）に越さば　越しかてむかも


### ◈始祖を蛇神とする「おだまき伝説」

モモソヒメは日本書紀によれば、崇神天皇の祖父第8代孝元天皇の妹で

ある。崇神と血縁関係にある女性とオオモノヌシが結婚したという話は、百済王子の昆支と崇神王朝の女性が結婚した史実を反映している。オオモノヌシが小蛇になったという話は、始祖神昆支の霊が蛇神とも見られたことを物語っている。

　日本書紀雄略天皇7年（463）7月3日条は、チイサコベスガル（少子部蜾蠃）が天皇に三諸山（三輪山）の神を捕まえてくるように命じられ、三輪山に上って大蛇を捕らえて天皇に見せたという話が書かれている。その時大蛇が雷のような音を立て目を輝かしたので、天皇は怖れてみることができず、大蛇を岳に放ったという。この話はオオモノヌシが、威力のある蛇神であることを示している。類似する話は古事記「崇神天皇」に次のように書かれている。


　　イクタマヨリ姫（活玉依毘売、以下タマヨリヒメ）は美人であった。そこで1人の美青年が夜中にタマヨリヒメのもとへやってきた。互いに愛し合った。そのうち姫が身ごもった。両親は不思議に思い、娘に「夫もいないのにどうして身ごもったのか」と聞いた。すると娘は「見知らぬ若者がやってきて共に暮らすうちに身ごもったのです」と言った。

　　男の素性を知ろうと思った両親は、「赤土を床の前に播き散らし、紡いだ糸を針に通して、それを男の着物の裾に刺しなさい」と言った。娘は両親に教えられた通りにした。朝になってみると、針についた麻糸は戸の鍵穴から抜け通って、残っている麻糸は糸巻にただ3巻だけだった。

　　姫が即座に糸をたよりにたどって行くと、三輪山の神の 社 のところで終わっていた。それで神の子であることを知った。そしてその麻糸が糸巻に3巻に残ったことからその地を名づけて三輪というのである〔このオオタタネコは 神君 ・鴨君の祖先である〕。


　おだまき伝説として知られているこの話は、次に引用する『三国遺事』

に書かれている後百済（892-936）という国の始祖王甄萱の伝説に酷似している。

　　　1人の金持が光州の北村に住んでいた。美人の娘が1人いたが、娘が父に「いつも紫色の着物をきた男が寝室にきて共寝をします」と言ったので、父は「長い糸を針に刺しておいて、その男の着物に刺しておくように」と答えた。翌朝糸をたどって行くと、北側の塀の下にいた大きなミミズの横腹に針が刺さっていた。その後、娘は身ごもって1人の男の子を生んだが、その子は15歳になると自ら甄萱と名乗った。

　オオモノヌシは百済から渡来して倭国で王となった百済の王子昆支の霊である。甄萱はかつての百済の地で生まれた人物で、後百済の始祖王となる。この2つの話は百済に縁がある始祖王に関するおだまき型伝説である。オオタタネコの子孫とされている三輪氏が百済から渡来した始祖王昆支の子孫であると考えれば納得できる話である。

　日本書紀はオオモノヌシを崇神時代に疫病を流行させて天皇に祟った神としているが、もともと継体系の天皇家にとってオオモノヌシは好ましい存在でなかった。昆支系＝蘇我氏の始祖霊であるオオモノヌシが天皇家に祟ったという説話は、スサノオがアマテラスに乱暴したという神話と同じで継体王統と昆支王統の葛藤を反映している。

　スサノオと同一神であるオオアナムチが、オオモノヌシやオオクニヌシなど多くの別名をもっていることや、多数の子孫神をもっているのは、昆支の霊が建国神として各地に様々な名称で祭られているからである。

### ※稲目は欽明天皇の分身

　日本書紀欽明天皇16年（555）2月条に、倭国にきた百済の王子余昌（後の威徳王。在位554-598）に対して、蘇我臣が「建国の神」を祭るように勧める話が載っている。建国の神を祭れば国が栄えるというのである。ち

なみに百済の王子余昌＝威徳王は聖王の子であり、聖王は武寧王（在位501-523）の子である。そして武寧王は昆支（倭王武、応神、隅田八幡鏡銘文の日十大王）の子である。欽明は昆支晩年の子であるから、欽明は百済武寧王とはいとこ関係にある。

王子余昌に「建国の神」を祭るように勧めた蘇我臣は蘇我稲目と見られているが、稲目は欽明天皇の分身である。事実は、倭国の大王欽明（在位、531-572）がいとこ関係ある百済武寧王の孫にあたる余昌に「建国の神」を祭るようにすすめたことになる。

また日本書紀崇神天皇7年11月13日条にオオタタネコにオオモノヌシを祭らせたとき、イチシノナガオチ（市磯長尾市）にオオクニタマ（倭大国魂大神）を祭らせたと書かれているが、倭大国魂もオオクニヌシと同じ神であり、昆支の霊である。欽明時代に三輪山に昆支の霊が祭られたとき、同時に別の場所にオオクニタマの神として昆支の霊が祭られたとみてよい。ちなみにJR桜井線長柄駅を下車して7、8分ほどのところに、大和大国魂・八戈大神・御年大神を祭る大和神社（天理市新泉町。延喜式に大和座大国魂と比定）がある。日本書紀崇神天皇5年・6年に次のような記事がある。


5年、国内に疫病が多く、民の死亡する者、人口の過半数に及ぶほどであった。6年、百姓が離散し、背く者があった。その威勢は皇徳をもってしても治め難かった。天皇は天神地祇に謝罪を請い願った。これより先アマテラスとヤマトオオクニタマ（大和大国魂）の二神を同じように天皇の御殿の内に祭っていた。

ところがその二神の神威を恐れて、二神と共に住まわれることに不安があった。そこでアマテラスを豊鍬入姫（崇神の娘）に託して倭の笠縫邑（奈良県田原本町秦庄）に祭った（桜井市三輪の檜原神社境内の説もある）。またオオクニタマを渟名城入姫に託して祭らせた。しかし渟名城入姫は髪が抜け落ち身体が痩せ衰えて祭ることができなかった。

　この崇神天皇 6 年（紀元前 92、癸丑年）は干支十三運（60 年×十三運
=780 年）繰り下げると、持統天皇 2 年（688、干支は戊子）にあたる。持統
天皇 2 年は天武天皇崩御の 2 年目に当たり、草壁皇子が死去する前年であ
り、浄御原令施行の前年にあたる。持統天皇よる浄御原令の施行はその実
体はつまびらかではないが、天武が着手、持統天皇が施行＝浄御原令→
文武天皇＝大宝律令→藤原不比等＝養老律令となる。

　この間、天神地祇の改定（708）→平城京遷都（710）→古事記（712）→
日本書紀（721）を経て日本古代国家形成の基礎が固まる。そして日本書
紀と古事記を通してアマテラスを祖とし、人として神、神にして人の神武
天皇の物語がつくられたのである。

　しかしながらこれまで述べてきたように、「出雲の神」「国つ神」とされ
ているオオアナムチ・オオナムチ・オオクニヌシ・オオモノヌシ・オオク
ニタマ・アシハラノシコオ・ハチホコ・ウツシクニタマは、すべてスサノ
オと同一の神、すなわち昆支の霊であり、大化以前（乙巳のクーデタ以前）
の建国神である。

　全国津々浦々に昆支の霊を建国神として祭ることによって昆支の子欽明
（ワカタケル大王）は自己の権威を高め、倭国の豪族や民衆を思想的に統合
することを図ったのである。しかし乙巳のクーデタで勝利した継体系王統
は 8 世紀の初頭の「紀記」によってこの史実を隠し、昆支の霊をさまざ
な名を持つ神に作り替え、これらの神があたかも出雲の土地神であるかの
ように見せかけたのである。

　次章では「紀記」に隠された倭の 5 王「讃・珍・済・興・武」の正体を
明らかにし、日本古代国家の史実を明らかにする。

# 第4章　アマテラスとタカミムスヒ

## 1　タカミムスヒは渡来の神か

### ※タカミムスヒ系とアマテラス系

　日本書紀神代下第9段の天孫降臨の正文・異伝を見ると次のようなことに気がつく。すなわち降臨を指揮する「司令神」にアマテラスとタカミムスヒが個々にいることである。ところが古事記はタカミムスヒとアマテラスは共に司令神となっている。

　すでに述べたように日本書紀ではタカミムスヒが司令神となっているのは、正文、第4の異伝、第6の異伝である。またアマテラスを司令神としているのは、第1の異伝と第2の異伝である。しかし、第2の異伝の最初はタカミムスヒでもアマテラスでもなく天神でアマテラスは後半に登場する。

　タカミムスヒ系とアマテラス系の相違をあげると、タカミムスヒ系では孫のホノニニギが降臨するが、アマテラス系は長子のオシホミミ（ホノニニギの父）が降臨を命じられ、途中でホノニニギに代わる。

　またホノニニギの母はタカミムスヒの女タクハタチヂヒメ（栲幡千千姫）であるが、1書第1のアマテラス系はオモイカネノカミ（思兼神）の妹ヨロズハタトヨアキツヒメノミコト（万幡豊秋津媛命）になっている。これによるとホノニニギの母の名が異なるばかりでなく、続柄がタカミムスヒの女からオモイカネの妹に変化している。

　またタカミムスヒ系は降臨の際、真床追衾に包まれる。降臨地はタカミムスヒ系が日向の襲の高千穂峰に天降り、吾田（鹿児島県薩摩半島西南部の加世田周辺）の長屋の笠沙の碕に向かう。しかしアマテラス系は筑紫日

向の高千穂までは同じだが、さらに穂触之峯と記されている。

またアマテラス系にはアマノコヤネ（天児屋命）・フトタマ（太玉）などの随伴する神がいる。さらにアマテラス系だけはホノニニギに神宝と「天壌無窮」の神勅が与えられる。さらにまたアマテラス系にはサルタヒコ（猿田彦神）とサルタヒコの降臨地伊勢が書かれている。また第8の異伝には「オシホミミはタカミムスヒの娘タクハタチヂヒメヨロズハタヒメ（栲幡千千姫万幡姫命）を娶ってアマテルクニテルヒコホノアカリ（天照国照火彦明命。以下、ホアカリ）を生んだとある。ホアカリは尾張連の遠祖であるという。

### ※ 『アマテラスの誕生』の著者溝口睦子

さて、「日本古代氏族の系譜の成立」の研究で業績のある溝口睦子は『アマテラスの誕生』（岩波新書）の序文で次のような問題を提起している。

　アマテラスはイザナキ・イザナミから生まれた太陽神で、弥生時代にさかのぼる古い女神である。そのような2千年前の古い神がなぜ日本では国家権力を支える神だったのだろう。日本の国家神は長いあいだアマテラスであると、信じられてきた。たとえば丸山真男は日本古代王朝を論じる場合、古事記と日本書紀に描かれたアマテラスを考察の中心においている。

　しかし「記紀」をみると、国家神は必ずしもアマテラスだけではなくタカミムスヒという神がいることがわかる。しかも古事記は真っ先にアマテラスを上げている。しかし、古事記をよく注意して読むと古事記がアマテラスを1人だけで天孫降臨の主神としてあげているのは1カ所のみで、あとの7カ所はすべてタカミムスヒの名前をアマテラスと並べて、二神をともに命令を下す主体として記している。

ここで溝口睦子の強調したいことは、もしタカミムスヒが国家神であるならば古代天皇制思想の核心部分は弥生にさかのぼる日本土着に繋がるの

ではなく、4 世紀から 5 世紀にかけて北方ユーラシアを含む北東アジア世界で起こった大きな歴史のうねりに連動した現象の 1 つとしてあるということである。溝口によればこの現象は高句麗・百済・新羅などの朝鮮半島を通して日本に波及した波である。

### ※皇祖神タカミムスヒ

　このような見方はすでに民族学・東洋史の研究分野で岡正雄や護雅夫らによって言われてきた。「皇室の神話的主神はタカムスヒであって、アマテラスではない」という岡正雄の説は、戦後間もない昭和 23 年（1948）、東京神田のバラック建ての喫茶店の 2 階で『日本民族学の起源』の著者石田英一郎・岡正雄・江上波夫・八幡一郎らが 3 日間にわたって行った対談のなかで初めて発表された。

　溝口によれば、その後上田正昭や松前健（1922-2002。宗教学者）らが独自に「記紀」の考察を通してアマテラス以前の皇祖神としてタカミムスヒがいたことを指摘している。溝口睦子の『アマテラスの誕生』の執筆の動機は天皇制思想の根幹をなす「天孫降臨神話」がいつ、どのように成立したかである。

　天皇制思想は弥生に遡る日本土着の文化から生まれたとする従来の考え（津田左右吉など）に対して、溝口は北方ユーラシア遊牧民の支配者起源神話に源流をもつことを明らかにしようと試みている。そのためには溝口はタカミムスヒが国家神＝太陽神であり、朝鮮半島の始祖神であることを説明しなければならない。

　この溝口睦子の考えは筆者が本書の第 1 章で述べたように、フロイトの二重性理論と石渡信一郎の説「新旧 2 つの朝鮮からの渡来集団による古代国家の建設」と似ているが、厳密にはかなりの隔たりがあると言わなければならない。したがってここでは溝口の 4 世紀から 5 世紀の東アジアの歴史解釈を検証し、溝口睦子の説がさほど新しい独自な解釈とは言えないことを明らかにしよう思う。

## ※倭王武＝雄略天皇？　辛亥年＝471年説？

　溝口によれば中国は後漢のあと魏・蜀・呉三国を経て西晋が南匈奴に滅ぼされると匈奴・鮮卑・羯・氐・羌の五胡十六国時代（304−439）に入る。この東アジアの民族移動は、同時期におきた遊牧民フン族の侵入にはじまるヨーロッパのゲルマン人の民族大移動に似ている。

　中国（後漢）を中心とする動乱の勃発は、夫余（ツングース系遊牧民）・鮮卑に隣接する高句麗を経て朝鮮半島南部の百済・新羅・加羅、そして倭（日本）の国家形成に大きな影響を与えた。溝口のここまでの歴史認識はほぼ通説として共有されている。

　しかし414年建立された「好太王（広開土王）碑」に記された倭と高句麗の関係、とくに当時「倭」（日本）についての解釈には問題がある。溝口睦子はおおよそ次のように書いている。

　　高句麗は4世紀後半、朝鮮半島の南方に主力を移し、百済・新羅への侵攻を開始した。ちなみに百済の支配層は高句麗と同じ夫余族を出自としている。百済は高句麗の侵略に対して倭国に軍事的支援を求めた。このことは石上神宮に保存されている泰和4年（369）の七支刀銘文からも明らかである。

　　このような状況下（高句麗×百済・倭国）で倭と高句麗は互いに相手を主敵として強く意識しあっていたことが、同時代の史料によって明らかである。それは好太王碑文と、倭王武、すなわち雄略天皇が宋の皇帝に出した上表文である。

　引用文後半の「倭と高句麗は互いに相手を主敵として強く意識しあっていた」という箇所まではよいが、大きな錯覚（「記紀」に依存した通説）は倭王武を雄略天皇としていることである。なぜなら倭の5王「讃・珍・済・興・武」の倭王武は百済から461年に渡来して倭国で王となった蓋鹵王の弟昆支（440−506）であるからだ。

　この倭王武＝雄略天皇説は、日本古代史学界の通説として稲荷山鉄剣

銘文の「獲加多支鹵大王 = 雄略天皇説」と「辛亥年 =471 年説」に連動している。辛亥年を 471 年とするのと、531 年とするとでは干支一運 60 年時代が異なる。溝口は倭王武の上表文を引用しながら、倭王武について次のように書いている。

　　倭王武は亡父済の時代から、日本は高句麗打倒を目標としてきたことを述べている。「済」とはいわゆる「倭の 5 王」の 3 番目の王で、『宋書』文帝紀の 443 年に入朝の記録があるが、天皇系皇譜でいえば允恭天皇（在位 412−453）の天皇である。このように 5 世紀初頭の敗戦（好太王碑文による 400 年高句麗と倭の戦闘）以来、日本の支配層は朝鮮半島の軍事大国高句麗を常に意識のなかに置いていた。このことは、倭王武の上表文からみて明らかな事実である。

❋倭の 5 王「讃・珍・済・興・武」の実在

　倭王武の上表文とその内容は別にして、この溝口の指摘は雄略天皇 = 倭王武としていることや、倭王済 = 允恭としていることから信憑性に欠ける。なぜなら、「紀記」の仁徳から雄略を含む武烈までの 10 人の天皇不在（架空）と倭の 5 王「讃・珍・済・興・武」（実在）が論議され、10 人の天皇の不在と倭の 5 王の実在がほぼ明らかにされているからである（本書冒頭の『日本古代国家と天皇の起源』参照）。

　溝口が「王墓とみられる巨大古墳がこの間（仁徳から武烈天皇まで）、奈良盆地か大阪平野へ移動した」という考古学者白石大一郎（当時「近つ歴史博物館館長）の説を紹介しているが、白石大一郎は稲荷山鉄剣銘文の辛亥年を 471 年（雄略天皇の辛亥年）としていることや、誉田陵（伝応神陵）や大山陵（伝仁徳陵）の実年代を 450 年から 460 年前後としている。しかし白石大一郎の巨大古墳移動説は正しいとしても、日本書紀編纂者によってその年代は干支一運 60 年古くされている。

　溝口は、文献史学者の水野祐・井上光貞・上田正昭・直木孝次郎・岡田精司ら文献史学者らの「応神王朝論」や「河内王朝論」や塚口義信の「河

内大王家説」をあげて、「この時代」（雄略の時代か）の特徴を浮き彫りにしようとしているが、根拠薄弱である。

　倭王武 = 雄略天皇説、稲荷山鉄剣銘文の獲加多支鹵大王 = 雄略天皇説、辛亥年 =471 年説は日本の古代史を正しくみるためには最大の躓きの石となっていることに気が付かなればならない。


## 2　直木孝次郎のアマテラス左遷説

### ※河内政権と第 1 次ヤマト政権

　若干回り道になるが、伊勢神宮創建の時期についての先覚的な研究者として知られている直木孝次郎の説をとりあげることにする。すると溝口睦子の言う内容が理解できる。

　直木孝次郎はタカミムスヒとアマテスの 2 柱とも皇祖神であるという溝口の説に同意しているからである。直木孝次郎は次のように書いている。

　　私は溝口説を 1 歩進めて、3 世紀末ごろ奈良盆地に成立した第 1 次ヤマト政権がアマテラス（天照大神）を最高神として祭り、4 世紀なかごろそれとは別系統の政権が大坂平野に成立してタカミムスヒ（高皇産霊神）を最高神として祭ったことにより、2 柱の皇祖神が生れたと考えている。

　　私は大坂平野に成立した政権を河内政権と称し、応神・仁徳両天皇の時代に始まると推定する。この河内政権と第 1 次ヤマト政権がそれぞれ存立する時は皇祖神が 2 柱いても問題がないが、「記紀」の所伝や古墳の示すところによって考えると、河内政権が第 1 次ヤマト政権を 5 世紀後半に圧倒し、これを併合して旧都を河内からヤマトへ遷す。「記紀」に伝える天皇でいえば允恭ないし雄略のころと思わる（『伊勢神宮と古代の神々』）。

　直木孝次郎はこの説は当人の仮説であって、学界全体の承認を得たものではないと断っている。その上で、7、8世紀に天皇家の最高神としてアマテラス・タカミムスヒという2柱の神が存し、その信仰は5世紀にまでさかのぼるとは認めてもよいとしている。

　直木孝次郎は、このような状態がなぜ生じたかについての定説はないが、河内政権を第1ヤマト政権と別系統とみなくとも、ヤマトから河内へ進出した勢力が、河内で新しい最高神・タカミムスヒの信仰をもって、古いアマテラスの信仰を保持する勢力の残っているヤマトへ本拠を移したとみてよいとしている。

### ◈水野祐説、原大和国家×狗奴国

　この直木孝次郎の説は応神天皇を新王朝の始祖とする水野祐の説と似ているようで同じではない。水野祐によれば神武から開化までの9人の天皇は実在しない。第10代の崇神天皇が最初の天皇であり、崇神が原大和国家を建設したのは3世末から4世紀後半である。

　また一方の九州地方では北九州にあった邪馬台国と南九州に本拠地があった狗奴国との間で3世紀後半から統一戦争が行なわれていたが、280年ころに九州地方は狗奴国によって統一された。狗奴国の本拠地は南九州の日向であり、狗奴国を形成したのは、紀元前200年ころ朝鮮半島から渡来した北方アジア系民族のツングース族である。

　水野説によれば、崇神から成務をへて仲哀の時代に原大和国家と狗奴国との間に統一戦争が起こった。仲哀の死亡年干支は壬戌の362年とみられ、この年に原大和国家の天皇仲哀が戦死し、九州国家が原大和国家の勢力を一掃して両国家が統一された。

　仲哀と戦った九州国家の狗奴国王は応神である。日本書紀応神紀のカゴサカ王・オシクマ王が応神と神功皇后の大和入りを阻んだという話は、応神の九州国家の大和征伐を伝説化したものである。応神は原大和国家と倒した後も九州にとどまったが、次の仁徳の時代になって、九州を去り、摂津の難波高津宮に遷都した。応神陵は仁徳が難波に遷都して父応神のため

に造営したものである。

　この水野説は応神を崇神王朝と交替した新王朝の始祖王である点で画期的ではあるが、古事記記載の天皇の死亡年を無条件で認めていることや、古墳の実年代が通説の域をこえていないことでは先学の井上光貞説・江上波夫と同じである。

※アマテラス左遷説

　直木孝次郎の第1次ヤマト国家は崇神政権とみてよく、また河内政権は応神・仁徳政権とみてよい。さて、アマテラスの伊勢遷祀について直木孝次郎は次のように述べている。

　　　伊勢神宮の祭祀が雄略朝または継体朝に始まると考えるのは、雄略朝の稚足姫が「伊勢大神の祠に侍す」とあり、継体朝には日本書紀継体天皇3月条に、皇女荳角（ささげ）が「伊勢大神の祠に侍す」とあり、古事記継体記に皇女佐々宜王（ささげ）が「伊勢神宮に拝す」とあるからである。
　　　以下、欽明の皇女磐隈（いわくま）、敏達の皇女菟道（うじ）と用明の皇女酢香手姫（すかて）が伊勢神宮に侍したことが日本書紀に見える。酢香手姫については日本書紀用明天皇前紀に「この天皇の時より炊屋姫天皇（かしきや）（推古）の世におよぶまで、日神の祀に奉ず」とあり、同用明天皇元年正月条に「3代を経て日神を奉ず」と記している。

　それではなぜ舒明天皇以後、天智朝まで伊勢へアマテラスに侍する皇女を送る慣例が絶えたのかと直木孝次郎は問う。そしてその理由は、伊勢におけるアマテラスの祭祀が、土地で盛んであった太陽神信仰と習合し、それによって渡会氏（わたらい）など土地の豪族に奉仕され、ヤマトから皇女を送る必要がなくなったからだとしている。

　直木孝次郎説によれば、伊勢への遷祀が継体天皇の磐余玉穂宮に入った520代（526年）とすると、推古天皇の没する推古天皇（628年）までおおよそ100年が経過している。3、4世紀の第1次ヤマト政権のもとでアマ

テラスを最高神として信奉していた有力豪族の多くは、このころまでには
ほとんど没落していた。

　すなわち雄略朝または継体朝に成立した最初の伊勢神宮は、アマテラス
の敬遠・左遷によって成立し、その後も地位は次第に低下して地方の有力
神と大差のない状態になったと直木孝次郎は想定する。

　しかし天智天皇の没後に起った壬申の乱に際し、伊勢神宮は反乱を起こ
した大海人皇子に協力し、大海人皇子が勝利を占めたことによってアマテ
ラスの権威と地位とが回復されたというのが、直木孝次郎の考察である。
この直木孝次郎の説は雄略＝ワカタケル大王説、辛亥年＝471年説を土台
にしているのはもちろん、仁徳から武烈までの10人を実在の天皇として
いる。

　これでは、崇神＋垂仁と倭の5王「讃・珍・済・興・武」の崇神王朝
の実在を証明することはほとんど不可能であるばかりか、ワカタケル大王
＝欽明天皇による531年の辛亥年のクーデターを想定することはとても無
理と言わざるを得ない。


## 3　朝鮮半島からの新旧2つの渡来集団


### ❖稲荷山鉄剣銘文の「ヲワケの臣」

　溝口睦子が稲荷山鉄剣銘文の「辛亥年」を471年とし、「獲加多支鹵大
王」を雄略天皇としているかぎり、先の文献史者直木孝次郎たちや民族学
者の説を背景とするタカミムスヒ北方ユーラシア説は説得性にかける。事
実、溝口睦子は次のように書いている。

　　埼玉県行田市のさきたま古墳群は、武蔵国の国造家の墓域だろうと
　いわれているが、そのなかの初期の古墳から掘り出された鉄剣に、両
　面ぎっしりと、金で象嵌された文字が彫り込まれているのが発見され
　た。1978年のことである。世紀の発見と騒がれたが、6世紀以前の文

字資料の極端に乏しい日本の現状のなかでこの発見は、百年に1度というより、千年に1度ともいえる価値のある発見だった。

そこには銘文の作成が辛亥年（471）であることが明記されており、銘文の主である「ヲワケの臣」の「上祖オホヒコ大彦」にはじまる8代にわたる先祖名と、代々「杖刀人の首」として大王に仕えてきたという王権社会のなかでの地位・職掌、そして自分自身は「ワカタケル大王（雄略）」に仕えて「天下」を「左治す（たすけ治める）」といった、王権への貢献を誇る言葉などが記されていた。

たしかに溝口睦子が感嘆したように「百年に1度というより、千年に1度ともいえる価値のある発見だった」のである。しかし辛亥年＝471年と括弧にわざわざ471年を挿入しているのは、せっかくの感嘆も台なしである。

稲荷山鉄剣銘文の「ヲワケの臣」の臣に基づいて日本の古代系譜の2面性（政治的関係を血縁で表現すること）を指摘した溝口の指摘は卓見だが、こと溝口睦子の辛亥年＝471年説は考古学と文献史料との整合性からいっても明らかに間違っている。これは1人溝口睦子女史の責任ではなく、辛亥年＝471年説をよしとする先学の考古学者・文献史学者、新聞・テレビ、歴史教科書の教師たちの由々しき責任であると言わなければならない。

### ※加羅系渡来集団の始祖王崇神

溝口の卓見とは、「ヲワケの臣が自分の系譜の始祖にオホヒコをあげているが、オホヒコが明らかにヲワケの臣の真実の血縁ではなく、有力氏族の阿倍氏や高橋氏（膳臣ら）と同じグループに所属していたことを意味している」と指摘していることである。

であれば溝口睦子は「日本古代国家は新旧2つの加羅系（旧）と百済系（新）の渡来集団によって建国された」とする本書冒頭に紹介した石渡信一郎説と類似しているといってもよい。ヲワケの臣は代々からの加羅系崇神王朝に属する阿倍氏や高橋氏のグループに入るからである。

タカミムスヒは加羅系渡来集団の始祖王崇神の霊＝アマテル神とみて
よい。であれば溝口の指摘する「臣」「連」の姓はワカタケル大王（欽明）
による辛亥のクーデター後の「敵」「味方」など論功行賞による類別とみ
ることができる。

「タカミムスヒは忘れられた神であったが、実は天孫降臨神話における
主神・最高神であり、皇祖神・国家神である」と溝口は言う。溝口によれ
ば、現在、研究者のなかでタカミムヒが本来主神であったことに異を唱え
る人はほとんどいない。それでもアマテラスを主神として疑わない人がい
るが、それは古事記の影響によると溝口は指摘する。

しかし欽明＝ワカタケル大王による531年の辛亥のクーデターの史実
を明らかにしなければ、溝口睦子が指摘するタカミムスヒが皇祖神・国家
神であることを合理的に解明することができない。

ではあるが、「紀記」編纂者（太安万侶も含めて）が意図的に531年の辛
亥のクーデターを隠したために通説は辛亥年＝471年となっている。溝口
が日本書紀編纂者の罠に陥っているかぎり、タカミムスヒが加羅系渡来集
団の祖崇神の霊アマテルであることを説明できない。

❖「紀記」編纂者が隠した本当の史実

溝口睦子によれば古事記は日本書紀よりずっと大胆で新しい。その事は
本書でも随所に述べている。この溝口の考察は、「712年に成立した古事
記は序文を取り除くと、それよりかなり古い」とする三浦佑之の説と対立
する。溝口の考察の根拠は、次に引用する古事記天孫降臨の前段の記事で
ある。

アマテラスの言葉で「豊葦原の千秋の長五百秋の水穂の国は、我が
御子正勝吾勝勝速日天忍穂耳命が統治する国であるぞ」と国の統治を
委任して、天降りさせた。この引用文を読むと、アマテラスが天孫降
臨の主神であることを強く打ち出されているが、そのあとの天上界
の主神が神々に命令する箇所ではすべてタカミムスヒとアマテラス

の二神が併記されていることである。最初の2例はタカミムスヒが先、あと5例はすべてアマテラスが先である。

　溝口睦子はこのようなアマテラスとタカミムスヒの二神を併記するやり方を、「長く主神であったタカミムスヒを、いきなり排除するのを躊躇するために取られた方法である」としている。溝口はこのタカミムスヒからアマテラスへの移行時期を古事記が成立した7世紀末（天武・持統朝）から8世紀初頭（文武・元明と藤原不比等）とみている。しかし、これは531年の辛亥年のクーデターによる政権交代の結果、崇神系タカミムスヒ（アマテル）が排除された史実を前提にしなければ正解とはいえない。

◈月次祭の祝詞
　溝口の指摘によればこの天孫降臨の主神に加えてもう1つ重要な「月次祭り」という祭りの際に読み上げる祝詞があり、その祝詞はタカミムスヒについての必須文献があるという。
　月次祭は延喜式（平安時代中期に編纂された格式＝律令の施行細則）では6月と12月の11日に朝廷と伊勢神宮で行われ、朝廷では神祇官が11日の朝に、畿内304座の祝部に幣帛を分け与えた。
　また、夜には中和院（平安京大内裏の殿舎の1）の神嘉殿で、前年に収穫した穀物（旧穀）を天皇が神と一緒に食する「神今食が行われた。ちなみに班幣は伊勢神宮のみとなり、室町時代に応仁の乱のため廃止となったが、明治以降に復活し、現在、多くの神社で毎月一定の日をきめて月次祭が行われている。
　それでは肝心の祝詞にはどのようなことが書かれているだろうか。溝口睦子の解説を要約して次に引用する。

　　前書きを除くと、第1段では八神殿に祀られているタカミムスヒを初めとする「宮中八神」に感謝の言葉が述べられる。第2、3、4段では宮中の井戸の神や宮殿の敷地の神、そして御門の神などの宮殿

の守護神、それに国土（八十島）の神への感謝が述べられる。第5、6、7段では、天皇に野菜を献上する皇室直轄地で御県の神、宮殿造営のための材木を献上する地域の神、天皇が食する酒食のための稲を献上する神への感謝が述べられる。

　文中の「宮中八神」とはタカミムスヒ・カミムスヒ・タマツメムスヒ・イクムスヒ・タルムスヒ・オオミヤノメ・コトシロヌシ・ミケツの八神である。すなわち八神は宮殿の神・託宣神・食料神などいわゆるムスヒ（産霊、産巣日、産日、産魂）の神である。すでに述べたが、日本書紀第2神代下第9段の第2の1書（異伝）の中程に次のような記事がある。

　　　私（タカミムスヒ）は天津神籬と天津磐境を設立して我が子孫のためにお祭りしよう。お前たち天児屋命・太玉命は、天津神籬を護持して葦原中国に降り、我が子孫のためにお祭り申上げよ。

　引用文中の天津神籬と天津磐境は神が降臨するための祭壇のことであり、天児屋命と太玉命は神祇氏族の中臣と忌部の先祖にあたる。日本書紀第2神代下第9段の第2の1書（異伝）はあきらかに、タカミムスヒが自分の子孫である天皇の繁栄のために祭壇を造って与えたことを意味している。

### ❖天照御魂＝太陽神＝タカミムスヒ＝王権の神
　古事記が天孫降臨の主神としてタカミムスヒとアマテラスを併記していることから溝口睦子がタカミムスヒからアマテラスへの移行時期を古事記が成立した7世紀末（天武・持統朝）から8世紀初頭（文武・元明と藤原不比等）とみていることは先述したが、月次祭の祝詞や『日本書紀』神代9段第2異伝からも溝口睦子は日本の皇祖神・国家神の変遷を次のように考察している。

　ヤマト王権時代（5世紀〜7世紀）――タカミムスヒ

律令国家成立以降（8世紀〜　）アマテラス

　それでは5世紀から祭られたタカミムスヒは史実として把握できるだろうか。日本書紀には見えないが、『延喜式』神名帳（平安初期に編纂された古代の神社に関する根本史料）のなかに「大国魂」や「高御魂」が見え、また「天照御魂」という名のつく神が次の6例ある。

　　　新屋坐天照御魂神社（大阪府茨木市西福井）
　　　新屋坐天照御魂神社（大阪府茨木市宿久庄）
　　　新屋坐天照御魂神社（大阪府茨木市西河原）
　　　木嶋坐天照御魂神社（京都市左京区太秦）
　　　鏡作坐天照御魂神社（奈良県磯城郡田原本町八尾816）
　　　他田坐天照御魂神社（奈良県桜井市太田字堂久保）

　これら「天照御魂」の名のつく神を溝口睦子は北方ユーラシアに起源をもつ太陽神とする。したがって、「御魂」は従来のように「ミタマ」と読むのではなく、「ミムスヒ」と読むのが正しい。すなわち、「ムスヒ」に「ミ（御）」という美称がついた「タカミムスヒ」と同じ太陽神である。


## 4　アマテルからアマテラスに


### ※天孫降臨神話の2元構造

　溝口睦子によれば、「紀記」神話は「神代上」のイザナキ・イザナミの国生みとアマテラスとスサノオ誕生が介在する古くから伝わった日本土着の神話・伝説と、「日本書紀第2神代下第9段神代下」の北方系の支配者起源タカミムスヒを主神とする天孫降臨神話の2元構造になっている。

　溝口睦子による『アマテラスの誕生』は、このような異質な2つの神話、すなわち古い日本の神アマテラスと新しい北方ユーラシアを出自とする神

タカミムスヒの2元対立構造のなかで、いかに新しいタカミムスヒに代わって古いアマテラスが国家神として新たに登場するのかを問う本である。このことについて、溝口は次のように書いている。

　　7世紀の末、律令国家の成立に向けて、強力に改革をすすめる天武天皇は、一方で歴史書の編纂を命じて、新しい中央集権国家を支えるイデオロギーとしての、神話の一元化をはかった。そのとき、皇祖神＝国家神として選び取られたのはそれまでずっと皇祖神であったタカミムスヒではなく、土着の太陽神であるアマテラスであった。
　　もっともタカミムスヒは、いきなり皇祖神の座から追い落されたのではなく、しばらくの間は、新たに皇祖神に昇格したアマテラスと並んで、もとの皇祖神の地位を占め、実際はこの転換は、時間をかけてかなり曖昧な形で推移した。しかしいずれにしても、この時、皇祖神の転換は行われたのであり、この時期以後、日本国の皇祖神＝国家神はアマテラスになった。
　　国家神の転換という事態はなぜ起きたのか。またそれはなぜ可能だったのか。

### ※タカミムスヒからアマテラスへの転換

この国家神タカミムスヒからアマテラスへの転換の時期を溝口は天武天皇の在位中（672-686）とみる。なぜなら天武は律令の編纂開始とほぼ同時に、歴史書の編纂にとりかかっているからである。天武自身が直接編纂にあたったという古事記がそのことを示している。古事記はまさに一元化された新しい神話と歴史書であったと溝口は指摘するが、説明しきれていない。正直、次のように本音を吐露している。

　　アマテラスを特別重視する何かが、早い時点から天武の胸中に芽生えていたことを認めなければならない。ただ、しかし、それがどのような意味での重視なのか現在のところ不明である。あるいは壬申の乱

ではじめて地方豪族に身近に接したことが土着文化の厚みに気付かせるきっかけをつくったのだろうか。

　この問題に関していまのところ私は手がかりをもっていないが、ともかくもかなり早い時点から、天武がアマテラス重視に傾いていたことは確かで、これも要因の１つとしてあげておくべきだろう。


　そろそろアマテラスの誕生と正体について、溝口睦子に頼ることは限界にきていると言わなければならない。なぜなら石渡信一郎が提唱した「新旧２つの朝鮮渡来集団による日本古代国家の成立」の史実と、フロイトの「心的外傷の二重性理論」の説を前提にしなければアマテラスアの誕生は解けないからある。そこで本書「まえがき」で述べたフロイトの説をもう１度ここで繰り返すことをお許しいただきたい。

　フロイトは「心的外傷の二重性理論」について「２つの民族集団の合体と崩壊。すなわち最初の宗教は別の後の宗教に駆逐されながら、後に最初の宗教が姿を現し勝利を得る。すなわち民族の一方の構成部分が心的外傷の原因と認められる体験をしているのに、他の構成部分はこの体験に与からなかったという事実の必然的結果である」と語っている。

　このフロイトの「最初の宗教は別の後の宗教に駆逐されながら、後に最初の宗教が姿を現し勝利を得る」という説は、石渡信一郎の「朝鮮半島から渡来した新旧２つの渡来団による古代国家の成立」に適用できる。しかし「新旧」の旧の最初に渡来した加羅系渡来集団が倭国に渡来した時は、倭国がどのような神と宗教をもっていたのかは、ここでは問わない。

　言えることは、旧の加羅系渡来集団は崇神の霊アマテル神を祀り、新の百済系渡来集団は応神＝昆支の霊＝八幡神を祭ったことである。もっとわかりやすく言うならば、ワカタケル大王欽明による531年の辛亥のクーデターを経て、645年の乙巳のクーデターで蘇我王朝３代（馬子・蝦夷・入鹿）が滅ぼされてからは、旧のアマテル神はアマテラスになったのである（「終章：アマテラスと八幡神」参照）。なお、次章ではアマテラスを祖とする神にして人、人にして神の神武の正体を検証する。

# 第5章 神武天皇こと神日本磐余彦

## 1 人にして神、神にして人

### ※神の名のイワレヒコ

　日本書紀巻3の神武紀は即位前紀から即位後まで神武天皇を主人公とした物語である。日本書紀（律令国家初頭の720年成立）は1300年を経た現在においても、日本古代の正史として天皇の歴史＝日本の起源を知る必須の本である。初代紀の神武が「人にして神、神にして人」であることは次に引用する記事からも明らかである。

　　神武天皇は諱（実名、生前の名前）はヒコホホデミ（彦火火出見）
　といい、ヒコナギサタケウカヤフキアエズ（彦波瀲武鸕鷀草葺不合
　尊）の第4子である。母はタマヨリヒメ（玉依姫。海神の娘）と申し、
　海神の2番目の娘である。
　　天皇は生まれつき聡明であり、確固たる意志の持主である。御年
　15で皇太子になった。長じて、日向国（大隅・薩摩国）の吾田邑のア
　ヒラツヒメ（吾平津媛）を娶って妃とし、タギシミミ（手研耳命）を
　生んだ。45歳になった時、兄たちや皇子たちに次のように語った。
　　「むかしわが天神のタカミムスヒ・オオヒルメ（太陽のような女性、
　アマテラス）は、この豊葦原瑞穂国をすっかりわが天孫のホノニニギ
　に授けた。そこでホノニニギは地上に天下った。天孫が降臨されてか
　ら今日まで179万2470年余がすぎた。
　　しかしながら遼遠の地は今なお王化の恩恵に浴していない。小さ
　な村には酋長がいて、各々がそれぞれ境を設け、互いにしのぎを削っ

ている。塩土老翁（しをつちのおじ）に聞いてみた。すると塩土老翁は"東方に美しい国があります。四方を青山が囲んでいます。その中に天磐船（あまついわふね）に乗って飛び下った者がいます"と言った。

　私が思うにその国はきっと、天つ日嗣（ひつぎ）の大業を弘め、天下に君臨するものに足りる所であろう。さだめしわが国の中心の地ではあるまいか。その天から飛び降りた者というのは、おそらくニギハヤヒ（饒速日）であろう。そこへ行って都を定めることにしようではないか」と言った。

　諸皇子たちも「道理は明らかです。私たちも常々そう思っていました。さっそく実行なさいませ」と答えた。この年は、太歳は庚寅（紀元前667）であった。その年の冬10月の丁巳朔の辛酉（てい し さく）（5日）に、天皇は船軍を率い東征の途についた。

## ※神武天皇即位の日＝紀元節

神武は日本書紀ではカムヤマトイワレヒ（神日本磐余彦尊）、ハツクニシラス（始駄天下之天皇尊）、ワカミケヌ（若御毛沼命）、ササ（狭野尊）、ヒコホホデミ（彦火火出見）と呼ばれ、古事記では神倭伊波礼毘古命と表記される。日本書紀の「日本」（やまと）が古事記では「倭」（やまと）となっている。

　明治22年（1889）2月11日、神武天皇即位日の「2月11日」を期して大日本帝国憲法が発布された。以降、「2月11日」は大日本帝国憲法発布の記念日となった。ちなみに大日本帝国（明治）憲法の告文（序）の「天壌無窮」（てんじょう む きゅう）と「神の宝祚を承継」は日本書紀の巻第2神代下第9段正文の天孫降臨のアマテラスがホノニニギに下した神勅の丸写しである。

　明治24年（1891）小学校祝日大祭儀式規程が定められ、天皇皇后のいわゆる「御真影」（写真）に対する最敬礼と万歳奉祝、校長による教育勅語の奉読などからなる儀式が小学校で行われ、大正3年（1914）からは全国の神社で紀元節祭が実行された。

　第2次世界大戦後の昭和22年（1947）、片山哲内閣のもと祝日の法案に紀元節が「建国の日」として盛り込まれたが、連合国軍最高司令官総司令

部により削除された。しかし第3次吉田茂内閣による昭和26年（1951）9月8日のサンフランシスコ平和条約締結の翌年から紀元節復活運動が起き、昭和33年（1958）第2次岸信介内閣のもと議案が国会に提出された。

その後、「紀元節」復活の賛否両論のなかで、廃案と再提案を繰り返して昭和41年（1966）3月7日、第1次佐藤栄作内閣のもと政府は紀元節を含む祝日法改正案を衆議院に提出、この月の25日閣議で明治100年記念事業を国家規模でおこなうことが決定され、12月8日建国記念日審議会は建国記念の日を2月11日と答申（9日公布）した。

それより4ヵ月前の8月桑原武夫・末川博ら文化人・学者887人は2月11日とすることに反対声明を発表した。この年（1966）の1月の早大生の授業料値上げ反対ストライキによる大学本部占拠（6月終結）、4月26日の公労協・交通共闘による戦後最大の交通スト、9月18日のサルトル・ボーヴォワールの来日、11月24日の明治大学・中央大学の学生による授業料値上げの反対運動が起きた。

これら学生運動は国際基督教大学→東京教育大学筑波移転→家永三郎の高校日本史教科書訴訟→法政大学学生処分→東大医学部自治会の無期限スト→日大紛争→全共闘による東大安田講堂（1968年3月27）の占拠に拡大した。


### ※若手研究者の説とその徴候

神武が127歳まで生きたとする「日本書紀」の記事を信じるものは現在ではほとんどいない。神武はもちろん第2代綏靖から第9代開化までの8代を、「欠史八代」と呼び、いずれも伝説の天皇で実在せず、第10代崇神が初代天皇であるという説が通説となっている。

若手古代史研究者の1人竹田恒泰（明治天皇の玄孫。父は日本オリンピック委員会前会長の竹田恆和）の著述・発言は、「紀記」に依存する先学の考古学者・文献史学者の説と共有していることでは説得性がある。しかし説得性があるからといって史実を正しく語っているわけではない。わかりやすいからといって本当のことだと思ってはならない。神武が紀元前1世紀

前後に実在したという典型的な例として、次に少し多めに引用するがご承知いただききたい。

　　天孫が降臨したのは九州で、神武天皇が九州から大和に東征したと記したのは、単に編纂者の作為ではなく、ヤマト王権の起源が九州にあり、国家統一の動きが九州から動いたという伝説が史実として語り継がれていたからだと考えるのが自然だ。

　　考古学の視点から見ると、3世紀前半に大和の三輪山周辺に、初めて前方後円墳が造られ始め、3世紀後半にはそれが巨大化していく事実から、この時期にヤマト王権の基盤ができたのではないかと考えられる。

　　可能性として考えられるのは、神武天皇は3世紀前半の王権の基盤が確立する頃の人物であるということ、もしくは、神武天皇はそれより以前の人物で、時代が下って3世紀前半頃の神武天皇の子孫の時代に王権の基盤が確立したということの2通りである。

　　もし前者なら、初代から第9代開化天皇までの天皇の在位期間を全て十数年とみなすと、神武天皇が3世紀前半頃の人物だったと考えることは可能である。また後者なら、三輪山周辺に前方後円墳が造られるようになったのは、3世紀後半から4世紀初頭頃が第10代崇神天皇の時代であっても矛盾は生じない。

　　神武天皇の即位が紀元前660年となると、いささか古すぎるような気もするが、ヤマト王権の前身になる勢力がその頃に南九州に誕生し、その勢力が600年やそこら九州で存続していたとしても何ら不思議はない。

　　縄文時代の三内丸山遺跡がおよそ1600年間営まれていたのだから、弥生時代後半に1つの勢力が何百年続いてもおかしくはない。まして神武天皇が紀元前後の人物だと考えるのはさらに容易である。

　　大和に造られた前方後円墳の副葬品には刀剣・矛・鏡・玉・鉄器などが見られるが、これらは弥生時代の九州地方の墳墓の副葬品で

ある。当時鉄は国内では採れなかったので、鉄を保持するというのは、朝鮮半島との交易を独占した王権のみが可能である。

　九州に見られた鉄器がやがて大和でも見られるようになったのは、それら王権を象徴するものが九州から大和に移動したことを意味し、この考古学的事実は神武天皇東征伝説を彷彿とさせる。

　また、かつて大和には多くの銅鐸（どうたく）があった。しかし、大和で前方後円墳が造営されるようになって以降は、銅鐸が姿を消す。ということは、大和には銅鐸を使う文化があったところ、他から来た勢力によって滅ぼされたと考えるべきである。そしてヤマト王権の文化に銅鐸がないのは、記紀に銅鐸の記述が存在しないこと、前方後円墳造営以降銅鐸が姿を消していることから明白である。

　物事が有ることを証明するのは、有ることの証拠を出せば済むので比較的容易である。しかし、物事が無かったことを証明するのは困難であり、全ての可能性を否定しない限り、状況証拠の域をでないからである。

　神武天皇が実在したことは、少なくとも我が国の正史である日本書紀に記載されていることだから、これが無かったという以上、それなりの証拠があるべきだろう。


　『語られなかった皇族たちの真実』（小学館、2006年、山本七平賞）、『旧皇族が語る天皇の日本史』（PHP新書、2008年）、『怨霊になった天皇』（小学館、2009年）、『日本はなぜ世界でいちばん人気があるのか』（PHP新書、2011年）等々でベストセラーを出し、「女系天皇容認反対論」でも注目を集め、新聞・テレビ・雑誌で活躍している竹田恒泰の先に引用した説は、歳が若いからといって斬新と言えるものではない。

　竹田恒泰の説はきわめてありふれており、現在若手の考古学者の一部が唱えている卑弥呼の墓＝箸墓古墳説、三角縁神獣鏡＝卑弥呼銅鏡説にもとづいている。また文献史学ではすでに30年前に「好太王碑と倭の論争」で3王朝交替説（崇神→応神・仁徳→継体）の水野祐と九州王朝説の『邪

馬台国はなかった』の古田武彦や安本美典の「天皇在位平均10年説」を足して3で割った説に依拠している。

　以上、竹田恒泰のわかりやすく、かつ人あたりのよい説明は歓迎すべきではあるが、その説は独創的とは言えず日本古代史の解明に心機一転の改革をもたらすものではない。

　2001年12月の天皇の誕生日の記者会見で平成天皇の「百済武寧王の子孫発言」が話題になったが、竹田恒泰など皇室関係者の発言が10年前からより自由になったと冷静に受取るべきあり、マスコミは無反省に利用すべきではない。

　さて、問題は国家の起源＝天皇の起源のことである。他人の著作のあれこれを穿り返すのはこれぐらいにして神武の東征の話に戻ることにするが、アマテラスを祖神とする初代神武天皇がいかに現在の我々世代の日常生活に影響しているか思うと慨嘆せざるを得ない。


## 2　神日本磐余彦の東征


#### ❖東征の開始

　神武（以下、イワレヒコ）が東征を宣言した年は日本書紀によると干支は甲寅（紀元前691）であった。この年の10月5日にイワレヒコは兄たちと一緒に東征の途についた。筑紫の宇佐に到着すると、そこにウサツヒコ（菟狭津彦）・ウサツヒメ（菟狭津媛）がいた。この時、イワレヒコはウサツヒメを従臣のアマノタネコ（天種子命）に娶らせた。アマノタネコは中臣氏の遠祖である。

　11月一行は筑紫国の岡水門（福岡県遠賀川河口）に着いた。12月27日安芸国の埃宮（広島県安芸郡府中町）に滞在した。翌年の乙卯の年の3月6日に吉備国に移り、高島宮（岡山市宮浦）に3年間滞在した。

### ◈河内国日下村に到着

　出発してから5年目の戊午年（紀元前663）2月11日東を目指して船を進め難波の碕までくると、早い潮流に出会った。そこを浪速国という。

　また浪花と名づけた。3月10日河を遡り、河内国日下村（東大阪市日下）の青雲の白肩津（生駒西山麓）に着いた。

　4月9日イワレヒコの軍は徒歩で竜田（奈良県生駒郡竜田）に向かった。しかし路は険しく隊列を組んで進むことができなかった。いったん後退してさらに東の胆駒山（生駒山）を越えて国の内部に進入しようとした。そのことを知ったナガスネビコ（長髄彦）は「天神らがやって来るのは、きっと我が国を奪うためであろう」と言って、全軍を率いて孔舎衛（近鉄奈良線の石切・生駒）で迎え撃った。この時、ナガスネビコの兵が放った流れ矢が長兄のイツセ（五瀬）の肘にあたり、イワレヒコの軍はこれ以上進撃することができなくなった。

### ◈長子イツセの絶命

　イワレヒコは「私は日神の子孫でありながら、日に向かって敵と戦っている。ひとまず退却してあらためて天神地祇を祀り、日神を背に受けて敵に襲いかかるべきだ」と言って、草香津（東大阪市日下町）で退却した。5月8日イワレヒコの軍は茅渟（大阪府泉南市男里）の山城水門に到着した。

　その時、イツセは「賊のために手傷を負って死んでしまうとは！」と雄叫びを上げた。これより先、孔舎衛の戦いで、ある人が大樹に隠れて難を逃れることがあった。そこで「この樹の恩は母のように大きい」と言った。時の人は名づけて母木邑（東大阪市豊浦町）と言った。山城水門からさらに進んで紀国の竈山（和歌山市和田。五瀬命の墓がある）に達した時、イツセは絶命した。

　6月23日イワレヒコ軍は名草邑（和歌山市西南の名草山付近）に到着し、そこのナグサノトベ（名草戸畔）という者を討伐した。そしてそこから狭野（和歌山県新宮市佐野）を越えて熊野の神邑（熊野速玉神社）に着いた。天磐楯（新宮市神倉山）に登り、さらに進軍した。ところが急に海が荒れ

だした。

　その時、イナヒ（稲飯命）が「我が祖先は天神である。母は海神である。どうして私を陸で苦しめ、海で苦しめるのか」と言い終わると、剣を抜き海に身を投じた。それがサイモチノカミ（鋤持神、鮫）となった。続いてミケイリノ（三毛入野命。稲飯命の弟。神武の兄）が「我が母と姨（おば）とは共に海神である。それなのにどうして溺れさせようとするのか」と身を投じた。

　イワレヒコは子のタギシミミ（手研耳尊）と軍勢を率いて熊野の荒坂津（三重県南牟婁郡荒坂村二木島）またの名は丹敷浦（にしきのうら）（三重県度会郡紀勢町錦）に到着した。そこのニシキトベ（丹敷戸畔）という者を誅伐した。

　その時、悪神が毒気を吐き、将兵はみな倒れてしまった。この時名を熊野のタカクラジ（高倉下）という者が夢をみた。その夢のなかでアマテラスがタケミカヅチに次のように語った。

　「葦原中国はいまだに騒然としている。お前がふたたび赴（おもむ）いて征討せよ」とアマテラス。「私が行かなくとも、私がかつて平定した時に使った剣を下せば、国はおのずと平らぐでしょう」とタケミカヅチ。そこでタケミカヅチはタカクラジに「私の剣は名を師霊（ふつのみたま）という。今、これをお前の倉の中に置こう。それを天孫に献上せよ」と言った。

　その時、高倉下は目を覚ました。翌朝、倉の戸を開けると天から落ちた剣が逆さまに突き立っていた。それをイワレヒコに献上した。その時イワレヒコはまだ眠っていたが、「私はどうしてこんなに長い間眠っていたのだろう」と目を覚ました。すると兵たちも同じように目を覚ました。

## ※兄猾（えうかし）と弟猾（おとうかし）を招く

　天皇軍はふたたび進軍しようとしたが、山々は険阻で行くべき道もなく進退窮まった。その夜天皇は夢を見た。「私は今から頭八咫烏（やたがらす）（以下、ヤタガラス）を派遣しよう。この烏を道案内にせよ」とアマテラス。はたしてヤタガラスが天から舞い降りてきた。

　イワレヒコは「この烏が来たことは瑞夢（ずいむ）（吉夢）に適（かな）っている。我が皇

祖のアマテラスは天つ日嗣の大業を助けようとしているのだ」と言った。この時、大伴氏の遠祖ヒノオミ（日臣命）はオオクメ（大久米）を率いてヤタガラスの後を追いながら山中を切り開いて進み、ついに菟田（宇陀郡菟田野町宇賀志）の下県に着いた。イワレヒコは「お前は武勇の臣である。また先導の功績もあった。これからはお前の名をミチノオミ（道臣）とする」とヒノオミを激賞した。

　8月2日イワレヒコはエウカシ（兄猾）とオトウカシ（弟猾）を招いた。2人は菟田県の首領である。そのときエウカシは現れず、オトウカシが参上した。「私の兄のエウカシは天孫がやってくるというので、襲撃するつもりでしたが天皇軍の威勢に恐れをなして密かに暗殺を企んでいます」とオトウカシ。

　イワレヒコはミチノオミを派遣してその反逆の様子を下見させた。ミチノオミは「敵のやつめ、うぬが造った建物の中に己が入ってみろ」とエウカシを殺してしまった。それゆえ、エウカシの血が流れた地を血原（室生村田口）という。オトウカシはおおいに天皇軍をねぎらった。

## ❋イワレヒコ国中を眺望する

　その後、イワレヒコは菟田の穿邑を出発して吉野の地を見回った。井戸の中から現れた国神のイヒカ（井光）や磐を押し開けて現れた吉野のクニスラ（国樔部）の始祖イワオシワク（磐排別）の子と出会った。さらに吉野川を下ると簗で魚をとっているニエモツ（苞苴担。天皇に献上する稲・塩・魚を持つ者）の子に出会った。

　9月5日イワレヒコは菟田の高倉山の頂上に登り、国中を眺望した。その時、国見丘（大宇陀町と桜井市の間の山）の丘にヤソタケル（八十梟帥）、女坂に女軍、男坂に男軍、墨坂に焃炭を配置し、さらに磐余村にエシキ（兄磯城）の軍勢が充満しているのが見えた。

　イワレヒコは、この夜祈誓を立ててやすんだ。夢の中に天神が現れて「天香山の社の土をとり、天平瓮80枚を造り、また厳瓮（瓶）を置き、霊威のある呪詛をせよ」と言った。イワレヒコはお告げとおりに実行した。

「倭国の磯城邑（三輪山西部山麓旧桜井町）にシキノヤソタケル（磯城八十梟帥）がいます。また高尾張邑（御所市西南部）に赤銅ヤソタケル（八十梟帥）がいます」とオトウカシは夢でみたような霊威ある祭りをするように言ったので、イワレヒコは心中とても喜んだ。

イワレヒコは丹生川（菟田川のことか）上流の真坂樹の根から抜き取って諸神を祭り、「タカミムスヒの神霊の憑人となって祭りを行いたい。お前は斎主として厳媛の名を与えよう」と道臣に命じた。


### ※イワレヒコ兄磯城を斬る

10月1日イワレヒコは軍を発して国見岳でヤソタケルを討った。しかしまだ残党が多数いたので、ミチノオミを呼び、忍坂邑（桜井市忍坂）に大きな室を造り、盛大な宴会を開くように命じた。敵はこの宴会に欺かれて多くの死者を出した。

11月7日イワレヒコの軍はイソシキ（エシキとオトシキ）を攻撃するため、エシキを呼んだ。ところがエシキはその命令に従わなかった。そこでヤタガラスを使いにだした。ヤタガラスは「天神の御子がお前を呼んでいる。さあ」と言った。

エシキはこれを聞いて「アマノオス（天圧神）が来たと聞いて憤慨しているのに、烏がなぜ不吉な声で鳴くのか」と弓を引き絞って射た。ヤタガラスはすばやく逃げてオトシキの家にやってきた。

「天神の子がお前を呼んでいる。さあ」とヤタガラス。「アマノオスが来られると聞いて、とても嬉しく思っている」とオトシキは木の葉で編んだ平皿8枚の上に料理をもって振舞った。その後、オトシキはヤタガラスに案内されてイワレヒコのもとに参上した。

「私の兄のエシキは叛逆心をもっています」とオトシキ。「エシキは狡猾です。まずオトシキに諭させ、エクラジとオトクラジを説得しましょう」と諸将たち。しかしエシキはオトシキ城の説得にも応じなかった。その時、シイネツヒコ（椎根津彦）が「我が女軍を忍坂から出陣させましょう。敵はこれを見て精兵を送ってくるでしょう。私は味方の強兵で墨坂の炭火を

菟田川の水で消し止めます」と言った。イワレヒコはこの計略をよしとして男軍を率いて墨坂を越えて首魁のエシキを斬り殺した。

### ❖ニギハヤヒ、イワレヒコに降伏

12月4日イワレヒコの軍はナガスネヒコ（長髄彦）を攻撃した。攻撃は何回も失敗した。そんな時に金色の鵄（とび）がイワレヒコの弓の弭（はず）に止まった。この金色の光は稲妻のようであったので、ナガスネヒコの軍勢は散り散りになって戦う気力を失った。時の人はこの地を鵄邑（とびむら）と名づけた。いまの鳥見（み）（奈良市西部の富雄町）は訛（なま）ったものである。

イワレヒコは孔舍衛（くさえ）の戦いの致命傷で亡くなった兄イツセのことを思うと敵のナガスネヒコを徹底的に殺さないではいられなかった。そして次のような歌を詠んだ。

　　　垣根の周辺に植えた山椒の実を食べると口はひりひりして忘れられない。

　　　そのように敵から受けた痛手は今も忘れてはいない。必ず仇を討ってやろう。

時にナガスネヒコは使者を送ってイワレヒコに次のようなことを告げた。

　　　昔、天神の子が天磐船に乗って天下りました。名はクシタマニギハヤヒ（櫛玉饒速日尊）といいます。この命が私の妹ミカシキヤヒメ（三炊屋媛）〔またの名は長髄媛、またの名は鳥見屋媛という〕を娶ってウマシマジ（可美真手命）を生みました。そのようなわけで私はニギハヤヒにお仕えしています。いったい天孫の子が2人いるはずがありません。

　　　それなのにどうしてまた天神の御子と称して、人の国を奪おうとしているのでしょうか。私の察するところ決して本当ではないでしょう。

「天神の子とはいっても大勢いる。お前が君と崇める者が本当の天神

であるならば、必ず表徴の品があるだろう。それを見せよ」とイワレヒコ。ナガスネヒコはニギハヤヒの天羽羽矢（あまのはや）1本と歩靫（かちゆき）を取り出してイワレヒコに見せた。イワレヒコは「偽りではなかった」と答え、今度はイワレヒコが持っている天羽羽矢1本と歩靫をナガスネヒコに示した。

　ナガスネヒコはその天上界の表徴をみて納得したが、いまさら改心するわけにはいかなった。ナガスネヒコの心はねじ曲がっていたからである。なぜなら神と人との区別を教えても理解しようとしなかった。

　もともとニギハヤヒは天神が天孫の天皇イワレヒコだけを味方していることを知っていたので、ナガスネヒコを殺害して帰順した。天皇イワレヒコはニギハヤヒがここで忠誠の功を立てたので寵愛した。ニギハヤヒは物部氏の遠祖である。


### ※イワレヒコ、土蜘蛛（つちぐも）を一網打尽

　己未（きび）の年の2月20日、層富県（そほのあがた）（奈良市と生駒市の辺り）の波哆（はた）（添上郡椿尾村）の丘に居住するニキトベ（新城戸畔）、和珥（天理市和珥）の坂本のコセノハフリ（居勢祝）、臍見（未詳）のイノハフリ（猪祝）ら3ヵ所の土蜘蛛（つちぐも）（不服従の先住民。熊襲・蝦夷の類）を誅伐した。

　高尾張邑（御所市西南部）にも土蜘蛛がいた。その風貌は身の丈が低く手足が長く侏儒（しゅじゅ）（小人）に似ていた。イワレヒコの天皇軍は葛（かずら）の網で一網打尽にして殺した。それによってこの地を葛城という。

　そもそも磐余の地は旧名が片居（かたい）、または片立（片寄って人が立っていることか）という。イワレヒコの天皇軍が賊を平らげることによって軍兵が満ち溢れた。それで名をあらためて磐余（いわれ）とした。天皇軍が雄叫びをあげた所を猛田（たけた）（奈良県橿原市東竹田か、宇陀郡菟田野町か）といい、城を造った所を城田（きた）（添上郡城田村か）という。殺害された賊徒の死体が累々と転がっている所は頬枕田（つらまきた）という。

# 3　辛酉の年に異変が起こること

### ❖辛酉革命説

　乙未年（紀元前662）の３月７日、イワレヒコは「東方の征討を始めてから６年が経過した。天神の威光を受けて大和国は塵もたたないほどに平穏になったが、辺境の地は鎮静していない。しかしタカミムスヒとアマテラスの二祖の徳に応えて、畝傍山の東南の橿原に都を定め、宮殿を造ろう」と宣言した。

　庚申（紀元前661）の年の８月16日、イワレヒコは正妃を立てようとして、改めて広く貴族の子女を求めた。この時、ある人が「コトシロヌシがミシマノミゾクイノミミ（三島溝橛耳神）の娘を娶って生んだヒメタタライスズヒメの容姿が秀麗です」と勧めた。９月24日天皇は喜んでヒメタタライスズヒメを正妃とした。

　辛酉の年の正月１日、イワレヒコは橿原宮で即位したこの年を天皇の元年とし、正妃を皇后とした。この皇后は皇子の神八井命（第１子）と神渟名川耳尊（第２代孝霊天皇）を生んだ。ところで、『日本書紀』頭注には次のように書かれている。

　　（天皇イワレヒコが）辛酉の年に即位したというのは、辛酉の年には異変が起こるという一種の予言説。中国の讖緯説（神意）によるものである。讖緯説とは干支一元60年、二十一元（60年×二十一元＝1260年＝一蔀）の辛酉の年には大革命があるという説である。日本でも平安初期の三善清行（847-919）によって　唱えられた。この説に従えば推古天皇９年辛酉（601）から二十一元前の辛酉（紀元前660）を神武天皇元年としたと考えられる。

　いわゆるこの讖緯説に基づく辛酉革命説は神武天皇が実在したのか、しなかったのか、あるいは単なる伝説上の人物なのか、あるいは伝説になる

べき実在の天皇であったのかを検証する重要な手がかりになる説と考えられている。したがってやっかいなテーマにしばらく付き合っていだだきたい。この山の頂上を越えれば日本の古代史がよくわかるようになる。

### ※古事記と日本書紀の違い

古事記の神武東征の説話も、日本書紀とほぼ同じだが、すこし違っている部分もある。たとえば日本書紀では、熊野邑で神武の一行が毒気にあたって意識を失ったとき、霊剣を下すのはアマテラスだが、古事記はアマテラスのほかにアマテラスより古い神とされている高木神（＝タカミムスヒ）も登場する。そして、道案内としてヤタノカラスを遣わすのも高木神である。

古事記ではナガスネヒコとの戦いで負傷したイツセが「私は日の神の御子であるから、日に向かって戦うのはよくないことだ、そのため敵の痛手を負ってしまった。今からは迂回して、背中に日を受けて敵を討とう」といい、南方迂回作戦を指示している。つまり、イツセが死ぬまでは「東征」の主役である日の神の御子＝始祖王的存在はイツセである。

またイワレヒコ（神武）が主役として登場するのは、兄イツセの死後で、「熊野村」からである。この点、日本書紀が「東征」から「大和征服」・「日本建国」まで一貫して神武を主役としているのと違っている。

古事記はイツセとイワレヒコという２人の始祖王がいたことを示唆し、ヤマト国家の始祖王に関する説話としては整っていない。こうしたことから、イワレヒコこと神武の説話は日本書紀よりも古事記のほうが原形に近い。

古事記は712年（和銅5）に完成した史書で、720年（養老4）の日本書紀より古いと言われているが、古事記を偽書とする説もある。しかし古事記の記事のほうがいつでも日本書紀より古いとはかぎらない。神武の説話では古事記の説話のほうが原形に近いと言えるだけである。

たとえば大和の地名シキ（磯城）を古事記は師木、日本書紀は磯城と書いているが、シキのキは百済語の「城」を意味するキとみられるから、シ

キの表記に関しては日本書紀の方が古い形を伝えている。

　また継体の死亡年齢について古事記は 43 歳、日本書紀は 82 歳と書いているが、これも日本書紀の方が正しい。だからこの 2 つの史書の記事が違っているときは、江戸時代の国学者本居宣長のように古事記のほうが正しいと頭からきめてしまわないで、ケース・バイ・ケースで慎重に検討すべきである。

### ※儀鳳暦と元嘉暦

　さて、日本書紀は神武が橿原で即位した年月日を紀元前 660 年の辛酉の年の元旦としている。紀元前 660 年は縄文時代の後期にあたるが、文字はまだなかったから年月日を正確に記録することができるわけがない。

　しかし現在でも干支十五運（60 年 × 十五運 =900 年）ほど繰り下げた安本美典の卑弥呼 = アマテラス説や 2 倍年暦換算の古田武彦の西暦 150 年前後説がある。先述の若手研究者竹田恒泰らの説もある。

　また、1873 年（明治 6）政府は、神武の即位した日を紀元前 660 年の辛酉の年の元年を太陽暦に振り替えて 2 月 11 日とし、1948 年（昭和 23）に廃止されたが、1966 年（昭和 41）に現在の「建国記念日」として復活している。これらのことは先に述べた通りである。

　さて干支によって年や月を決めるには、その基礎となる暦が必要であるが、日本書紀では「神武紀」から「安康紀」までは儀鳳暦、「雄略紀」から最後の「持統紀」まで元嘉暦を使用している。

　元嘉暦は中国南朝の宋（420-79）の何承天がつくった暦で、元嘉 22 年（445）から施行されたから、日本にも 5 世紀後半ごろに伝来した。儀鳳暦は唐の李淳風がつくった暦で、麟徳 2 年（665= 天智 4）から用いられたとみられており、日本では 690 年（持統 4）に採用され、元嘉暦と併用されたが、698 年（文武 2）から 763 年（天平宝字 7）までの間は儀鳳暦だけが用いられた。

　事実、『続日本紀』廃帝淳仁天皇天平宝字 7 年（763）8 月 18 日条に「儀鳳歴（儀鳳年間に唐から新羅に伝わった暦）の使用を廃して、はじめて大衍

暦(唐の僧一行がつくり、吉備真備によって将来された)を使用した」と書かれている。この大衍暦は中国歴の1つで、かつて中国や日本などで使われていた太陰暦である。

ちょうど日本書紀が成立(721年)したころは、儀鳳暦だけが用いられた。日本書紀は神武から安康までの古い天皇の時代に新しい儀鳳暦を使い、雄略から持統までの新しい天皇の時代に古い元嘉暦を使っている。元嘉暦を使用した部分はこの暦をつかった古くからの資料があったからである。儀鳳暦を使った部分は史料がなかったか、もしくは不完全な暦をつかった史料であったので、この部分は日本書紀の編纂者はあらたに当時使用されていた儀鳳暦を使って干支を記録した。そこで「神武紀」は儀鳳暦を使用しているから、神武の即位年を辛酉の年と決めたのは日本書紀の編纂者ということになる。


### ※紀元前660年の辛酉年

では『日本書紀』編纂者は、いくつもある辛酉年の中で、どうして紀元前660年の辛酉年を神武の即位年として選んだのだろうか。この問題については、那珂通世(1851-1908)以来、中国の辛酉革命説に基づき、推古9年(601)を起点として1260年繰り上げたとする説が通説となっている。

辛酉革命説では辛酉の年には革命があるとされ、特に干支一元の21倍にあたる一蔀(1260年)ごとの辛酉の年には、大きな革命があるとされる。そこでこの辛酉革命説を知っていた日本書紀の編纂者が、神武の即位を国家的大変革とみて、紀元601年から一蔀=1260年さかのぼらせた辛酉の年においたとみられていた。

しかし、この通説は基本的には正しいが、逆算の起点とする年に問題がある。というのは601年(推古9)には、国家的大変革というべき事件が何もない。水野祐(『日本古代の国家形成』)は、601年より干支一運(60年)繰り下げた661年(斉明7、辛酉)を起点とする説を唱えた。661年には斉明天皇が死亡し、天智天皇が称制(即位せずに政務をとる)という蔀首大変革の辛酉年にふさわしい事件が重なっているからである。

　水野祐説によれば、661年を起点とすると神武の即位年は1320年さか
のぼらせることになるが、この点については神功皇后を『魏志』倭人伝に
見える邪馬台国の女王卑弥呼に見せかけるために、『日本書紀』が作為し
た結果であるとして、つぎのように説明している。

　すなわち、神功は200年に仲哀天皇死亡の後、在位期間69年、269年
に死亡ということになっているが、これは『魏志』記載の卑弥呼の治世年
代とほぼ一致させたのであり、神功の治世はもと9年とされていたのに、
日本書紀の編纂にあたって60年延長して69年としてしまった。そのため
の、一部1260年の年数が1320年になった。本書第2章で説明した井原教
弼の「干支一運天皇紀」をもう1度見ていただきたい。

　『応神陵の被葬者はだれか』（1990年）の著者石渡信一郎は、水野祐の
「日本書紀編纂者は、661年を起点として神功を卑弥呼に見せかけるため
に、そこから1320年前の紀元前660年を神武の即位年とした」という説
を受けながら、日本書紀が斉明天皇7年（661、辛酉）を起点としたのは、
その前年の660年に百済が滅亡するという天皇家にとっては深刻な事件が
起こったため、この660年で古い部を終わらせることにしたと修正してい
る。


## 4　神武天皇は実在したか


### ◈神日本磐余彦の「日本」

　次は神武が実在の人物であったかどうか検討する。「記紀」がどのよう
にして作られたかを実証的に研究した津田左右吉（1873-1961）は、神武
東征説話が代表するように神武の説話は内容のないもので、「記紀」の神
話の一部にすぎないとし、神武は神話上の人物であり、実在の天皇ではな
いとした（『日本古典の研究』）。

　神武の説話が史実をまったく反映しない神話であるとする津田左右吉の
見解は支持できないが、神武が実在の天皇でないことは、神武の陵墓が考

古学的に実証されていないことや、神武の物語は神話に近いことからも明らかである。

またカムヤマトイワレヒコ（神日本磐余彦）という神武の和風諡号は後世に作られたものであることがわかる。水野祐によると、孝霊・孝元・開化の3天皇は、持統の諡号にみえる「オオヤマトネコ（大日本根子）」系の諡号をそのまま採用しており、持統・文武・元明・元正のそれと同じである。そのほか神武・懿徳・孝安3天皇には、「ネコ」はみえないが、「ヤマト（日本）」あるいは「オオヤマトネコ（大日本根子）」の和風諡号を用いている。

「神日本磐余彦尊」では、ヤマトを「日本」と書いているが、この書き方は『続日本紀』の大宝2年（702）12月条にみえる持統の諡号「大倭根子天之広野姫」のように「倭」と書く方法より新しく、元明（在位707−715）の諡号「日本根子天津御代豊国成姫」や元正（在位715−24）の諡号「日本根子高瑞淨足姫」の場合と同じである。

こうしたことから、神武を含めて開化までの9人の天皇の和風諡号は、持統の和風諡号決定後の日本書紀が成立した720年までの間に日本書紀編纂者によって作られたと考えてよい。


## ※新旧2つの倭王朝

奈良県橿原市にある現在の神武陵は、江戸時代末期の天皇孝明、将軍は徳川家慶の1850年（嘉永3）に神武の陵ときめられ、1861（万延）から63年（文久）の間に現在の形に整えられたものであるが、考古学的には認められていない。しかし神武の東征・大和平定の物語は大和に王都を置いて最初の古代国家を建設した始祖王の史実を反映している。

したがってその国家建設の時期は古墳時代であるから、その始祖王の墓は巨大な古墳が築造されたはずであり、神武がもし実在の初代天皇であったとすれば、それにふさわしい巨大古墳があってしかるべきである。しかし神武の墓として考古学的に認められるような古墳が残っていないことは、神武が実在していなかった証拠である。

第2代の綏靖から9代の開化までの8人の天皇は、『日本書紀』に即位・立太子・立后・死亡などについてしか記されておらず、天皇としての事績が記されていないので「欠史8代」と呼ばれている。前述のように彼らの和風諡号が『日本書紀』編纂時に作られたものであることと、陵墓がすべて考古学的に問題にならないことからみて、この8代も実在しないことは明白である。

ちなみに日本書紀によれば綏靖は畝傍山の北とあり、安寧は畝傍山南御陰井上 陵 、懿徳は畝傍山 南 繊沙谿上 陵 、孝昭は掖上博多山上陵畝傍山南繊沙谿上陵、孝安は玉手丘上陵、孝霊は片 丘 馬坂 陵 、孝元は剣池島上陵、開化が春日率 川 坂本 陵 に葬られたとある。

一方、古事記は神武の御陵は「畝傍山の北方の白樫尾のほとり」とあり、綏靖は「衝田岡」にあり、安寧は「畝傍山くぼんだ所」とあり、懿徳は「掖上の博多山のほとり」にあり、孝安は「玉手岡のほとり」とあり、孝霊は「片岡の馬坂のほとり」にあり、孝元は「剣池の中岡のほとり」にあり、開化は「伊耶河の坂のほとり」にあるという。

神武から開化までの9人の天皇の御陵は日本書紀と古事記はほぼ一致している。異なるのは日本書紀では次の天皇が前の天皇を埋葬しているが、古事記では各天皇紀に各天皇の御陵だけが記されている。ただし9人の天皇の最後の開化だけは日本書紀も古事記も開化紀に記されている。これはおそらく神武と「欠史8代8人の天皇」の創作された9人の天皇と実在の天皇崇神天皇と区別するためであったのであろう。

ところで井上光貞はこれらの天皇の実在を否定する根拠として、皇位継承法の問題をあげている。井上光貞によると、欠史8代8人の天皇はそれぞれ父子の関係にあるが、日本で父子継承が皇位継承の方法として考えられてきたのは7世紀になってからであるから、この8代を父子継承でつないだのは7世紀のことだという。

それでは架空の初代天皇神武とそれに続く8人の架空の天皇が作られたのはなぜであろうか。それは、古墳時代の日本列島には新旧2つの倭王朝が存在したからである。古事記には、イツセとイワレヒコ（神武）の2人

の「日の御子」が登場するが、最初の主役イツセが死んだ後、イワレヒコが主役になる。主役がイツセからカムヤマトイワレヒコに交替したという話は、古い倭王朝が新倭王朝に交替した史実を反映している。

### ※新倭王朝の始祖王応神＝昆支＝八幡神

　日本書紀の編纂者は対唐（中国）を配慮して、ヤマト王朝を太古から日本列島に存在した王朝に見せかけるため、ヤマト王朝の始祖王として架空の初代天皇神武を作り、旧加羅系渡来集団の実在の始祖王崇神を第10代の天皇とした。そして神武の即位年を紀元前660年に繰り上げ、その空白を埋めるために「欠史8代」の天皇を創作したのである。

　応神を新の百済系渡来集団の始祖王とみることができる主たる根拠は次の理由からである。日本書紀は応神を聖帝としている。また、ハツクニシラススメラミコトと呼ばれる神武は崇神と同じ神の字が入っている。応神と神武の伝承は、いくつかの重要な点で一致しており、初代神武の伝承は、応神の伝承から作られたものと見ることができる。

　日本書紀仲哀紀9年12月条によれば、応神が九州から入京するとき、難波で忍熊王（仲哀の妃大中姫の子）の軍の迎撃を受けて上陸できず、紀伊の水門に回り、紀伊の日高で神功に会い、それから忍熊王の軍に対する攻撃に移るという話は、神武が紀伊を迂回したという話とよく似ている。

　また、神武の和風諡号の「磐余」は、応神の皇太子時代の宮殿磐余に通じる。応神の大隅宮が難波の地に置かれたことは、応神が西方から瀬戸内海を経て、この地に至り、大和入りしたのちも難波を重要な拠点としたからである。

# 第6章　人と神とを統治する物語

## 1　遣唐使節使粟田真人

◈遣唐使一行の目的

『続日本紀』文武天皇慶雲元年（704）7月1日条に次のように書かれている。

　　正4位下の粟田真人が、唐から大宰府に帰った。初め唐に着いた時、人がやってきて「何処からの使人か」と尋ねた。そこで「日本国の使者である」と答え、逆に「ここは何州か」と問うと、「ここは大周の楚州塩城県の地である」と答えた。真人はさらに「以前は大唐であったのに、いま大周という国名にどうして変わったのか」というと、「永淳2年に天皇太帝が崩御し、皇太后（高宗の后、則天武后）が即位し、称号を聖神皇帝といい、国号を大周と改めた」と答えた。

　　問答がほぼ終わって、唐人がわが使者に言うには「しばしば聞いたことだが、海の東に大倭国があり君子国ともいい、人民は豊かで楽しんでおり、礼儀もよく行われているという。今、使者をみると、身じまいも大へん清らかである。本当に聞いていた通りである」と、言い終わって唐人は去った。

この記事は、『続日本紀』元年（704）10月9日条に「帰国の粟田真人は天皇（文武）に帰朝の挨拶をした」とあるので、唐から大宰府に到着した直後の粟田真人が団欒の場で仲間に気軽に話をした内容が記録されたのだろう。

しかし、粟田真人遣唐使一行の本当の目的が何であったのか、『続日本紀』から知ることはできない。この粟田真人が孝徳天皇白雉4年（653）に道明や中臣大島（持統天皇の時の神祇伯）ら241人の第2次遣唐使の一員として同行した還俗その人であることはあまり知られていない。したがって粟田真人の渡唐は2度目である。しかし今回の大宝元年から4年までの粟田真人の滞在はよほど重要な外交上の問題があったからだとみてよい。

## ※唐国の郭務悰とはだれか

文武天皇大宝元年（701）1月23日の遣唐執節使粟田真人の任命からさかのぼる30年前の日本書紀天智天皇10年（671）11月10日条に次のような記事が載っている。

> 対馬国司が使者を筑紫大宰府に派遣して「この日に、僧道久・筑紫君薩野馬・韓島勝沙婆・布師首磐の4人が唐からやって来て、唐国の使者郭務悰ら600人、送使沙宅孫登等1400人、合計2000人が船47隻に乗って、共に比知島（巨済島南西の比珍島か）に停泊して、"今、我らは人数も船数も多い。突然彼の地に入港すれば、彼の防人が驚いて矢を射て戦いをしかけてくるだろうと相談したので、道久らを派遣して、あらかじ来朝する旨を明らかにするようにせよ"と言いました」と報告した。

しかしなぜ2000人も乗った47隻の船が彼の地（大宰府）に入港しようとしたのだろうか。唐国の使者郭務悰とは何者だろうか。日本書紀からもそのわけを知ることができない。実は唐の使者郭務悰については次のように日本書紀の「天智紀」から「持統紀」まで計6回記録されている。

持統天皇6年（692）閏5月15日条に「天皇が大唐の大使郭務悰が近江大津宮天皇（天智天皇）のため造った阿弥陀像を送り届けるよう命じた」という記事が載っている。そして郭務悰の記事とは直接には関係がないと思われるが、2日前の同月13日条には「伊勢大神が2つの神郡から納入

するべき赤引糸35斤の免除を天皇に奏上した」という記事がある。

　また郭務悰初出の天智天皇3年（664）5月17日条には、「百済鎮将劉仁願は朝散大夫郭務悰らを派遣して、表函と献上品を進上した」とあり、同年12月1日条に「郭務悰らが帰国した」という記事がある。


### ※筑紫都督府とは？

　天智天皇3年（664）といえば白村江の戦いで日本（倭）が敗北した翌年にあたる。しかも百済鎮将劉仁願は白村江の戦いにおける唐・新羅軍の最高司令官である。しかし「百済鎮将劉仁願が派遣した郭務悰を私使にすぎないとして日本側は入京を許さなかった」という説もある。

　さらに天智天皇4年（665）9月23日条に「唐国が朝散大夫沂州司馬上柱国劉徳高等を派遣した〔等とは、右戎衛郎将、上柱国百済禰軍朝散大夫柱国郭務悰をいう。全部で254人である。7月28日に対馬に着き、9月20日筑紫に着いた〕。」

　ちなみに同年8月条に「長門国に城を築かせた。筑紫国に大野と椽に2城を築かせた」とある。日本書紀頭注によれば「大野」は大宰府北方2kmの大野山の朝鮮式山城であり、「椽」は大宰府南方10kmの基山（415m）に築かれた山城である。

　そして5年の記事として「京都の鼠が近江に向かって移動した。百済の男女2000人を東国に住まわせた。百済の人々にすべて僧も俗人も、癸亥の年（663）の3年間、全員に官の食糧が支給された」とある。

　事実、天智天皇6年（667）3月近江に遷都するが、11月9日百済鎮将劉仁願は熊津都督府熊山県令上柱国司馬法聡らを派遣し、境部連石積（孝徳4年＝653年の遣唐使の一員）らを筑紫都督府に送ってきた。

　境部連石積は白村江の戦いの敗北前の孝徳4年5月14日に出発した遣唐使一行のなかの学生の1人である。随行した学問僧のなかには藤原鎌足の長子定恵もいる。『日本書紀』頭注は文中の「筑紫都督府」について次のように書いている。

筑紫大宰府。唐の官制に倣った文飾か、白村江戦の後に大宰府を一時「都督府」と改称したが、未詳。唐が九州を占拠してこの官を置いたとする説もあるが、とらない。

　しかし文中の「都督」とは辞書によると「中国の官名。主に地方の軍事・民政を司る」とある。であれば境部連石積は白村江の戦の期間は唐の人質になっていたが、唐の占領地区の筑紫都督府（大宰府）に帰されたとみてよい。
　すると先の引用した天智天皇10年の僧道久・筑紫君薩野馬・韓島勝沙婆・布師首磐ら4人は白村江の戦いで捕虜にされた上級の倭兵であると考えられる。とくに筑紫君薩野馬は日本書紀持統天皇4年（665）10月22日条に次のように唐軍の捕虜であったことが書かれているからである。

　　軍丁筑後国上陽咩郡の人大伴部博麻に詔して「天豊財重日足姫天皇（斉明）7年に、百済救済の戦いで、お前は唐軍の捕虜となった。天命開別天皇（天智）3年になって、土師連富杼・氷連老・筑紫君薩夜麻・弓削連元宝の子の4人が唐人の計略を報告しようと考えたが、衣服も食料もないために、通達できないことを悔やんだ。
　　その時博麻は土師富杼らに語って、〝私もあなたたちとともに本国に帰還したいが、衣服や食糧がないために、一緒に帰国することができない。どうか私の身を売って衣食にあててほしい〟と言った。富杼らは博麻の提案通りに朝廷に通達することができた。お前ひとりがそれから長く他国に留まり、今年で30年になる。それゆえ務大肆の位と絁5匹・綿10屯・布30端・稲1000束・水田4町を与えよう。また三族の課役を免除して、その功績を顕彰しよう」と仰せられた。


※補軍の墓誌に「日本」
ところで先述の天智天皇4年（665）9月23日条の「等とは、右戎衛郎

将、上柱国百済禰軍、朝散大夫柱国郭務悰をいう」という割注の「上柱国
百済禰軍」に関連した発見が朝日新聞（2011年10月23日付）に掲載され
た。その記事によると「中国の古都西安で見つかった墓誌（1辺59cm四方
の正方形、884文字）に禰軍（ねぐん）という百済の軍人が678年2月に死亡し、同
年10月に葬られた」と記されている。

　さらに墓誌には白村江の戦いに敗れて「日本の餘礁　拠扶桑以逋誅」
（生き残った日本は、扶桑〔日本の別称〕に閉じこもり、罪を逃れている）とい
う意味の言葉が記されているという。

　石渡信一郎はこの禰軍の墓誌に「日本」と刻まれていることから、持統
天皇が律令国家「日本国」を誕生させた年は、持統が即位した690年（持
統4年）としている。

　690年がなぜ問題かというと、持統天皇は690年（持統4年の庚寅年）
の1月1日に律令国家「日本国」を公式に誕生させ、その天皇として即位
したからである。

　また景行天皇20年（西暦90年の庚寅年）春2月条に「五百野皇女（いほののひめみこ）を遣（つかわ）
して、天照大神（あまてらすおおみかみ）を祭らしむ」と書かれている。この記事は干支からみて
690年（持統4年の庚寅年）2月に檜原神社の皇祖神アマテラスを伊勢国の
多気神宮に移し、皇女に祭らせた史実を干支十運（600年）繰り上げて記
録している。


### ◈和平交渉か防衛戦争か

　このように郭務悰の来倭を含めて一連の記事をみると、すべて天智天皇
2年（663）の白村江の敗北に起因している。わかりやすくいえば百済鎮将
劉仁願の立場は、連合国軍最高司令官ダグラス・マッカーサーに酷似して
いる。

　百済からの大量の移民・流民、天智天皇の近江への遷都、九州大宰府か
ら瀬戸内航路の拠点屋島城に至る築城などの記事は、唐・新羅軍の侵略が
白村江の敗北にとどまらず、倭＝日本が国家存亡の危機にあったことを
想像させる。おそらく天智は唐・新羅との和平交渉か、倭＝日本を戦場

とする防衛戦争かの二者択一を迫られていたと考えられる。

　であれば、大宝元年（701）の粟田真人ら遣唐使一行の目的は和平交渉の類とみてよく、これら諸々の事情にもっとも精通した粟田真人が当時の権力者藤原不比等によって選任されたことが理解できる。粟田真人は戦後処理の継続と倭および日本の呼称など含めてどのように扱うのか、唐側と交渉する重要な任務を負わされていたとみてよい。

　つまり粟田真人遣唐使一行の任務は「倭から日本」への呼称の変更の報告・説明とその了解・同意を得るためであった。これらのことを前提のうえで話をすすめていくことにする。


## 2　新神祇制度＝司牧人神


❖人と神との統治

　元明天皇慶雲４年（707、干支は丁未）９月10日に遣唐使節使粟田真人から復命報告を受けた藤原不比等ら律令政府首脳は、新神祇制度＝司牧人神（人と神を統治して天下を治めること）の施行のための最終段階に入っていた。そしてこの年の10月23日には「天皇が人と神を統治する」という詔勅が出された史実を、崇神天皇４年（紀元前94、丁亥年）から９年（紀元前89、壬辰年）の史実として記録した。次に抜粋する崇神４年（Ａ）、６年（Ｂ）、７年（Ｃ）が問題の記事である。


　（Ａ）４年（丁亥）10月23日、崇神天皇は「そもそも我が皇祖のすべての天皇が、皇位を継ぎ 政事を行ってきたのは、ただ一身のためではない。思うに人と神とを統治し、天下を治めるためである。いかにして、いつまでも皇祖の跡を継承し、永く無窮の皇統を保持すればよいだろうか。それは群卿・百僚ら、お前たちが忠誠を尽くし、共に天下を平安にすることが、何より大切であろう」と 詔 した。

（B）6年（己丑）、百姓が離散し、背く者が出た。そこで天皇は早朝から深夜まで政務に励み、天神地祇に謝罪を請い願った。これより先にアマテラス・倭大国魂の二神を、同じように天皇の御殿の内にお祭りしていた。ところが、その二神の神威を恐れて、二神と共に住むことに不安があった。そこでアマテラスをトヨスキイリヒメ（豊鋤入姫）に託して、倭の笠縫邑（奈良県磯城郡田原本町。三輪の檜原神社境内という説、「元伊勢」とも）に祭った。

（C）7年（庚寅）2月15日、「昔、わが皇祖は大そう大きな基を啓き、その後、天皇の徳風はますます盛んになった。ところが思いもよらず、今我が治世になってから、しばしば災害に襲われた。これは天神地祇の咎め受けたのではないか。ここはどうして神亀の占いを行って災害の起こるいわれを究めずにいられようか」と仰せられた。そこで天皇はただちに神浅茅原に行幸し、八十万の神々を集めて占った。

### ❖天社・国社

本節の冒頭で述べたように、文武天皇慶雲4年（707、丁未）に「天皇が人と神とを統治する」という詔勅が出され、翌年の元明天皇和銅元年（708、戊申）から元明3年（709、庚戌）にかけて施行された。しかし日本書紀編纂者はこの「新神祇制度」を、崇神4年（紀元前94、丁亥）から9年（紀元前89、壬申）の史実として「崇神紀」に挿入した。

　新神祇制度とは元明天皇和銅2年（708、己酉）正月11日の元明天皇の詔勅で公表された新しい天神地祇（天つ神・国つ神）を決めた制度のことである。この前年の707年に新神祇制度が内定していたが極秘事項とされた。

　オホタタネコ（大田田根子）とオホモノヌシ（大物主）を神主とし、天社・国社を定めたという日本書紀崇神天皇7年（紀元前91年、庚寅）8月7日の記事（C）は、非公式には文武天皇慶雲4年（707、丁未）11月

に建国神イタケル（五十猛）が地祇＝国つ神オホモノヌシに変えられ、新しい神祇制度が内定された史実を反映している。

　しかしここで断わっておかなければならないことは、崇神天皇6年（B）と7年（C）の間の「これより先にアマテラス・倭大国魂の二神を、同じように天皇の御殿の内にお祭りしていた。ところが、その二神の神威を恐れて、二神と共に住むことに不安があった。……」云々の記事は、持統天皇と藤原不比等による689年（持統3年、己丑）の史実を「アマテラスを大和の笠縫邑に祭った」として干支十三運（780年）繰り上げて日本書紀第10代崇神天皇6年（紀元前92、己丑）に挿入していることである。

　ところで崇神天皇7年（707、丁未）の「新神祇制度施行」の記事は、『古事記』には次のように反映している。

　　崇神時代に疫病が盛んに起こって、人民が死に絶えようとした。天皇の夢の中にオオモノヌシ（大物主大神）が現れて「是は我が御心ぞ。故、オオタタネコ（意富多々泥古）を以て我が前を祭らしめたまわば、神の気起こらず、国も亦安く平ぎなむ」と告げたので、オオタタネコを神主として御諸山（三輪山）のオオモノヌシの神を祭らせ、イカガシコオ（伊迦賀色許男、物部連の祖）に「天神地祇の社を定め」祭らせた。また、宇陀墨坂の神・大坂の神など祭ったところ、疫病の流行はすっかり止んで、国家は平安になった。

### ❖元明天皇和銅元年（708）の詔勅

　先に『続日本紀』元明天皇和銅元年正月11日条に新神祇制度の施行のことが記録されなかったと述べたが、次に引用する元明天皇の「708年正月11日条」（A）と「2月15日条の平城京遷都のこと」（B）を読むと、まったく書かれていなかったとは言えない。なぜなら元明天皇自ら自分を"神にして思う"と詔しているからである。元明天皇の詔勅の一部を次に抜粋する。

（A）現御神（現人神。人間でありながら、同時に神である）として天下
　の詔として宣べられる言葉を、親王・諸王・諸臣・百官の人たち・
　天下の公民は皆承れと申し述べた。

　　高天原から降臨された天皇の時代から始まって、中頃から現在に
　至るまで、何れの天皇の時代も、天つ日嗣として高御座にいまして
　治められ、人民を慈しんでこられ、天下統治のつとめであると、神
　として思う、といわれるお言葉を皆承れと申しつげる。そこで天地
　の神が現わされた瑞宝により、御代の年号をあたらしく換えると仰
　せられるお言葉を、皆承れと申し告げる。そのため慶雲5年を改め
　て和銅元年として、和銅を御世の年号と定める（『続日本紀』元明天
　皇和銅4年正月）。

（B）朕（元明）は天帝の命を奪って、天下の君主として臨んでおり、
　徳が薄いにもかかわらず、天皇という尊い位にいる。常に思うに、
　「宮室を造る者は苦労し、これに住まう者は楽をする」という言葉
　である。遷都のことは必ずしもまだ急がなくてよい。

　　ところが王公大臣はみな言う。「昔から近ごろに至るまで、太陽
　や星を観測して東西南北をたしかめ、宮室の基礎を定め、世を占い
　地相をみて、帝皇の都を建てている。天子の証である鼎を安定さ
　せる基礎は、永く固く無窮で、天子の業もここに定まるだろう」と。

　　衆議も無視しがたく、その詞も心情も深く切実である。そして都
　というものは百官の府であり、四海の人々が集まるところであって、
　ただ自分1人が遊び楽しむだけでよかろうか。いやしくも利点があ
　るならば、したがうべきではあるまいか。

　　昔、殷の諸王は3度都を定めて、太平の誉れを残した。安じてそ
　の久安の住居を遷そう。正に今平城（なら）の地は、青竜・朱雀・
　白虎・玄武の4つの動物が、陰陽の吉相に配され、3つの山が鎮護
　の働きをなし、亀甲や筮竹による占いもかなっている。

　　ここに都邑を建てるべきである。この造営のための資材は、必

要に応じて箇条書きにして参上せよ。また秋の収穫の終わるのを待って路や橋を造らせよ。子が親を慕うように寄ってきて、仮にも人民に騒ぎや苦労をさせることがあってはならぬ。制度を適切なものにして、後から負担を加えることがないようにせよ。

　元明天皇（在位707-715）は諱は阿部皇女ともいう。天智天皇の皇女で、母は乙巳のクーデターのとき中臣鎌足と中大兄に与した蘇我倉石川麻呂（蘇我倉麻呂の子。蝦夷は伯父、入鹿は従兄弟に当たる）の娘姪娘である。
　また、持統天皇は父方では異母姉、母方では従姉で、夫の母であるため姑にもあたる。しかも天智の子大友皇子は異母兄という極めて複雑に姻戚関係にある。そして天武と持統の子草壁皇子と結婚し、文武天皇と元正天皇（氷高皇女）の母となる。
　慶雲4年（707）6月7月文武天皇が25歳で崩御、同5年1月武蔵国秩父から銅が献じられたので和銅に改元する。元明は持統天皇いらい重用していた藤原不比等を後見人として、和銅3年（710）藤原京から平城京に遷都し、左大臣石上麻呂を管理者として藤原京に残した。そのため右大臣藤原不比等が事実上の最高権力者になった。同5年（712）天武天皇の勅令による古事記を献上させた。


※石上麻呂を偲ぶ歌

　次の『万葉集』（巻1・76）は元明天皇が飛鳥に残された臣下の石上麻呂を偲んだ歌である。

　　和銅元年戊申　天皇の御製
　　大夫の　鞆の音すなり物部の　大臣楯立つらしも

　上山春平から見れば元明元年の「大臣物部（石上）麻呂の物部大盾の歌」は、まさしく不比等実権の確立の年であり、大宝2年（702）の持統の死

を転機とする持統ペースから不比等ペースへの政局の切り替えが軌道に
乗った年であった。元明の歌の背後について上山春平は、上田正昭の説や
万葉学者吉永登説に比して次のような独自な解釈をしている。

　　　持統の即位のときに盾を立てたという記録のある物部氏出身の大
　　臣、石上（物部）麻呂が大嘗宮の門の前で大盾を立てるあたりの情景
　　を想像してみると、先の和銅元年の元明の歌の意味するところが、か
　　なり生き生きとしたイメージとなって浮かび上がってくる。
　　　物部氏の者が大盾を立てるということは、大嘗祭の新嘗の儀式の開
　　始と告げるファンファーレのような意味をもっており、その動作その
　　ものは、ファンファーレのようなにぎやかな音響を発しないのであ
　　るが、そのときに大盾に向かって、兵士たちが弓の空射ちでもやって、
　　大君の御盾は万全、といった儀礼的もしくは呪術的なしぐさをしたの
　　ではあるまいか、と想像される。
　　　「ますらをの鞆の音すなり」というのは、そのときに弓の弦が鞆に
　　当たって発する音をいったのであろう。もしこの推測があたっている
　　とすれば、そのとき数十名（延喜式では40名）の兵士たちの鞆の音は、
　　かなりのボリュームのある勇壮な音響を響き渡らせたに相違ない。

　上山春平によれば元明の歌「盾立つ」については吉永登の儀式説、賀茂
真淵や斎藤茂吉の訓練説があり、沢潟久孝は賀茂真淵の「この御時みちの
く越後の蝦夷らが叛き云々」の説を受けて、「将軍（石上麻呂）は楯を立
てて陣容を整えている」としている。
　ちなみに日本書紀第15代応神（誉田）天皇即位前紀に鞆について「皇
太后（神功）の胎内にいる時に腕の上に肉ができていた。その形は鞆のよ
うであった。それで称えて誉田天皇と呼んだ〔上古の時、世の人々は鞆を名
づけて褒武多と言った〕と書かれている。
　また茂吉は「将軍は兵の訓練をしていると見えるが、何か事でもあるの
か」とし、「"もののふの将軍"は軍を統べる将軍の事で、続日本紀に和銅

129

2年蝦夷を討った将軍は、巨勢麿、佐伯石湯だから、御製の将軍もこの2人であろうと言われている」と書いている。そこで上山は訓練説より儀式説をとりながらも、和銅元年（708）11月22日の践祚大嘗祭（天皇の即位儀礼）を想定しているとし、次のように述べている。

　問題は元明天皇が兵士たちの発する靫の音を聞いて「ああ、もう物部の大臣（石上麻呂）が、大嘗宮の門のそばで大楯を立てる時刻らしい。さあ、私も大斎場にからだを浄めて、いよいよ祭典に臨む用意をととのえなければ」と張りつめた心境にあったとき、彼女がとらえた不安はいったい何であったのか、という点である。以下、その点にかんする私なりの考えを述べてみよう。

　文武の母にあたる元明は、この病弱の嫡子の後ろ楯として長く頼りにしきっていた姉であり、姑である持統を大宝2年（702）12月に失い、そのショックから立ちなおるいとまもなく、慶雲4年（707）6月15日25歳の文武に先立たれ、その年の7月側近のものたちにすすめられるままに、文武が残した幼い首皇子（聖武）が成人するまでの穴うめの役として皇位につく成り行きになってしまったものの、頼りにしきっていた持統はなく、首皇子はもちろん相談相手にはならず、はたして重任に耐えうるのかどうか、思いわずらうことのみであった。

　即位までは天武の皇太子であった草壁皇子の妻、文武の母として陰の存在に過ぎなかったのが、突然、政治の表舞台に引っぱり出されて、それまでは対岸の火災のよう見過ごしてきたみにくい権力闘争の種々相にじかにふれる経験を1年あまりつみかさねた後に、皇位継承の総仕上げを意味する大嘗祭を迎える元明の心境は安らかなものでありうるはずはなかった。

　当時の政情が不穏の様相を深めいていたことは、自ら帝位につくとともに、天武の協力者、文武の後見人として壬申の乱以来約30年にわたって権力の座に座り続けてきた持統の死によって長い間国政の場を支配してきた一種の惰性的な均衡状態が破られたことである。

　その機会をとらえて、持統の生前にはひたすら持統ペースに従う受動的な姿勢に終始した藤原不比等が突如として自らのペースをむき出しの形で貫徹しはじめた。その点は『続日本紀』の慶雲期から和銅にかけての記事にありありと示しているように私には思える。

　当時、太政官の最高位にあった石上麻呂は後輩の不比等が娘宮子を入内させ、ひとり巨額の功封を下賜され、元明の擁立に成功し、平城遷都の希望を実現する、といったまさに不比等ペースというべきめざましい政治的成果をつぎつぎとかちとるのを、おそらくはにがにがしい気持でながめていたのではあるまいか。かつて持統の寵臣として順調な栄達の道を歩んできたこの名門出身の老臣は、旧帝持統をなつかしむとともに、不比等の手中にある新帝元明に対して、うらめしい気持をいだかざるをえなかったのである。

　石上は元明の擁立にも平城遷都にも、おそらく、反対の意志を示していたのではないだろうか。大嘗宮の方向から響いてくる「鞆の音」を聞きながら、元明はその石上が鬱屈とした気持をいだいて、大嘗宮の門で大楯を立てている姿を思ったことだろう。石上に代表されるそうした反感の底流をひしひしと感じながら、しかもやむをえず不比等ペースに身をまかせなければならなかった元明のやりきれない気持、「楯立つらしも」の歌はこうした気持を背景としてつくられたのではなかったか、と私は思うのである。


　先の賀茂真淵の「この御時みちのく越後の蝦夷らが叛き云々」の説に関して言えば、『続日本紀』文武天皇大宝３年（705、干支は癸卯）正月３日条に「藤原朝臣房前を東海道に、多治比真人三宅麻呂を東山道に、高向朝臣大足を北陸道に、波多真人余射を山陰道に、小野朝臣馬養を南海道に、大伴宿禰大沼田を西海道に派遣し、各街道の録事（記録係）を１人つけ、国司の治績を巡視して、冤罪を申告させ、不正を正させた」とある。

　また同元明天皇和銅２年（709、干支は乙酉）３月５日条に「陸奥・越後２国の蝦夷は、野蛮な心があって馴れず、しばしば良民に害を加える。そ

こで使者を派遣して、遠江・駿河・甲斐・信濃・上野（こうずけ）・越前・越中などの国から兵士などを徴発し、巨勢朝臣麻呂を陸奥鎮東将軍に任じ、佐伯宿禰岩湯を征越後蝦夷将軍に任じ、紀朝臣諸人を副将軍に任じ、東山道と北陸道の両方から撃たせた。

　大宝3年（703年、干支は癸卯）の記事も和銅元年の記事も、日本書紀崇神天皇10年（紀元前88年、干支は癸巳）9月9日条の「大彦命を北陸道に、武渟川別（たけぬなかわわけ）と東海道に遣わし、吉備津彦を西道（山陽道）に遣わし、丹波道主命を丹波（山陰道）に遣わした」という記事として干支十三運（60年×十三運＝780年）繰り上げて挿入されていることを知るべきである。


## 3　大臣蘇我稲目＝欽明天皇


### ※伊勢国に降りたアマテラス

　ところで日本書紀垂仁天皇25年（紀元前5年、丙辰）3月10日の記事は次の通りである。


　3月10日にアマテラスをトヨスキイリヒメ（豊鍬入姫）から離してヤマトヒメ（倭姫）に託した。そこでヤマトヒメはアマテラスを鎮座するところを求めて宇陀の筱幡（うだささはた）（奈良県宇陀郡榛原町筱幡神社）に赴いた。また引き返して近江国に入り、東方の美濃を巡って伊勢国に至った。

　その時、アマテラスはヤマトヒメに「この神風の伊勢国は、常世の波がしきりに打ち寄せる国である。大和から片寄った遠い国で美しいよい国である。この国に居たいと思う」と言った。そこでアマテラスの言う通り、その祠（やしろ）（神社）を伊勢国に建て、そのために斎宮（いつきのみや）を五十鈴川のほとりに建てた。これを磯宮という。かくて伊勢国はアマテラスが初めて天より降臨された所である。

### ❖倭大国魂の災難

先の日本書紀垂仁天皇25年（紀元前5年、丙辰）3月条には〔一説〕として次のような記事が付されている。

　　天皇はヤマトヒメを憑代（神霊が宿るところ）として、アマテラスに差し上げた。そこでヤマトヒメはアマテラスを磯城（奈良県磯城郡）の厳橿の本に鎮座させた。その後、神の教えに従って丁巳年（26年）冬10月に伊勢国の渡会宮に遷した。

　　この時ヤマトノオオカミ（倭大神）がホズミオミ（穂積臣）の遠祖オオミナクチノスクネ（大水口宿禰）に神憑りして「天地開闢直前の物事の始めの時に、約束して"アマテラスはことごとく天原を治めよ。代々の天皇は専ら葦原中国の天神地祇を治めよ。私は自ら地主神を治めよう"と言った。仰せはすでに確定していたのである。

　　しかし先帝の御間城天皇（崇神）は天神地祇を祭ったけれども、その根源までを詳細に探らないで、ほぼ枝葉のところでやめてしまった。そのために現天皇であるあなた（垂仁）が、先帝の及ばなかったことを悔やまれて、慎み祭るならばあなたの寿命は長く天下も大平になるだろう」と言った。

　　その時、天皇はこの言葉を聞くとすぐに中臣連の祖クカヌシ（深湯主）に命じて誰にヤマトノオオカミ（大倭大神）を祭らせたらよいか占わせた。するとヌナキワカヒメ（渟名城稚姫命）の名が占いに出た。そこでヌナキワカヒメに命じて神田を穴磯邑（桜井市穴師）に定め、大市（桜井市北部）の長岡岬にお祭りになった。しかしこのヌナキワカヒメはすでに全身がすっかり痩せ衰えて、祀ることができなかった。そのためヤマトノアタイ（大倭直）の祖ナガオチノスクネ（長尾市宿禰）に命じて祭らせた。

引用文中の「大市の長岡岬」について日本書紀頭注は「巻向山（三輪山）の西方に延びた尾根の突端とみるべきか。『延喜式』神名に大和坐大国魂

神社は山辺郡にあるとするように、大和神社は今日も天理市神泉町にあり、また「長岡岬」は今日の長岳寺の辺りとすると、これは柳本町（奈良県磯城郡柳本町。JR桜井線柳本駅下車）であるから大和神社は転地したか」としている。

### ❖大臣蘇我稲目＝欽明天皇

この垂仁天皇25年（紀元前5年、丙辰）の記事は、日本書紀欽明天皇7年（537、丁巳年）、の史実を反映している。日本書紀は辛亥のクーデター（531）で欽明＝ワカタケル大王に殺害された安閑・宣化を即位したことにしているが、日本書紀宣化天皇2年（537、丁巳年）にはそれらしい記事が見当たらない。が、次のような記事がある。

　　2月1日大伴金村大連を大連とし、物部麁鹿火を大連とすることは、いずれも前の通りである。また蘇我稲目宿禰を大臣とする。

しかし大臣蘇我稲目＝欽明天皇とすると、この記事は欽明が父昆支＝倭武が日本書紀雄略天皇21年（477、丁巳年）に百済を復興させた史実を記念して干支一運（60年）後の欽明7年（537、丁巳年）に父の霊を建国神イタケル（昆支＝倭王武）として三輪山の麓に祭ったことを暗示している。

考古学者の寺沢薫は「三輪山山麓には降臨する神を祭るための磐座が群在し、滑石で作った祭祀用の農工具や織り機、ミニュチュア土器、須恵器などが出土している」とし、それらを4世紀前半に始まり、5、6世紀を中心とする遺物とし、かつ「4世紀にさかのぼる祭祀遺物が出土する場所は檜原神社付近と狭井神社（桜井市三輪字狭井）から大神神社にかけての2ヵ所である」と指摘している。

### ❖ヒメ神＝アマテル神

考古学的にみて、欽明時代（531-571）の537年（丁巳年）昆支＝倭武の霊イタケルが建国神として三輪山の大神神社に祭られたことがわかる。

この時崇神＝アマテル神は建国神イタケル（昆支＝倭王武）のヒメ神（妻神）として祭られるようになった。

　昆支＝倭武の霊が三輪山に祭られる15年前の日本書紀欽明天皇13年（552）10月条によれば、大臣蘇我稲目が仏教を受け入れようとしたとき、物部大連尾輿と中臣連鎌子が「我が国家の王は常に天地の百八十神を春夏秋冬に祭ってきた。それを改めて蕃神（外国人が礼拝する神）を礼拝するならば、国神の怒りをうけることでしょう」と強く反対した。しかし欽明は仏教受容を強行した。

　そして垂仁26年（丁巳年）に大和神社（奈良県天理市）に倭大神（倭大国魂神、日本大国魂神とも）を大倭直の祖長尾市に祭らせたという分注の記事は、長尾市を倭大国魂の祭主としたという崇神天皇7年11月13日条の記事（前述）と重複している。そして垂仁天皇27年（紀元前3の戊午年）8月条には次のように書かれている。

　　　神祇の官に命じて、兵器を神の幣物としようとして占わせたところ、吉ということであった。そこで弓矢と横刀とを諸神の社に奉納した。そうしてさらに神田・神戸を定め春夏秋冬の時を定めて祭らせた。おそらく兵器をもって天神地祇を祭ることは、この時が初めて起こったのである。

　この日本書紀垂仁天皇27年（紀元前3年、戊午年）8月条の「諸国の神社に武器を奉り、神地・神戸を定めた」という記事は、元明天皇和銅元年（708、戊申）に武器を祭具として用いることなどの祭祀の方法が決められたことを、710年〔干支十二運（720年）－10年〕繰り上げて非公式に記録していると考えられる。

# 4 遣唐押使多治比真人県守

## ※716年の大規模な遣唐使節団

　日本書紀垂仁天皇27年（戊午）の記事が作成された年は、遣唐使の多治比真人県守（688-737）が帰国した年の日本書紀編纂段階のⅢ期（712-720）の元正天皇養老2年（718年、戊午年）とみられる。というのは多治比真人県守の唐からの帰国によって「日本」の国名使用が明らかになったからである。多治比真人県守は元明天皇霊亀2年（716）8月遣唐押使に任命されている。

　多治比真人県守を遣唐押使とする一行には阿倍仲麻呂・吉備真備・井真成、留学僧玄昉など使節団の要員は前回の大宝2年（702）の粟田真人の遣唐使節団の倍以上の557人（船4隻）という大規模なものであった。

　『続日本紀』元正天皇霊亀2年（716）10月20日条に「大宰府が次のように言上した“遣唐使で従4位下多治比真人県守が帰朝しました”」とあり、同年12月13日条に「多治比真人県守らが唐から帰国した」とだけ書かれているのみで、遣唐使派遣の意図・目的・内容がなぜか隠されている。

　『続日本紀』からは多治比県守が天智天皇7年（668）に生まれ、聖武天皇天平9年（737）に亡くなったことや、遣唐使派遣の時の県守の年齢が48歳であったことがわかる。確かに『続日本紀』聖武天皇9年6月23日条に「中納言正3位の多治比真人県守が薨じた。県守は左大臣・正2位の嶋の子である」と書かれている。

　この年（天平9）は天然痘が流行し、藤原不比等の次男藤原房前（4月17日）、4男藤原麻呂（7月13日）、長男藤原武智麻呂（7月25日）、3男藤原宇合（8月5日）4兄弟が続けて一挙に亡くなった。天然痘がいかに凄まじいものであったか物語っている。

　当時、4男の藤原麻呂は持節（征夷）大使として多賀城に派遣され、藤原房前は参議・民部卿正3位の地位にあり、藤原宇合は参議・式部卿兼大宰帥正3位の地位にあり、大宰府にいた。そして長男の藤原武智麻呂は臨

終の床で正 1 位・左大臣の官位を授けられた。

### ※井真成の墓誌

多治比真人県守（668-737）を遣唐押使とする元明天皇霊亀 2 年（716）8 月の随行員のなかに「井真成」（せいしんせい／いまなり／いのまなり）中国名の人物がいるが、2004 年 10 月 24 日、中国陝西省西安市内の工事現場から「井真成」の墓誌が発見されたと、同国の西北大学が発表した。井真成の墓誌は次のように読まれている。

　　姓は井、字 (あざな) は真成、国は日本と号す。天賦の才能が認められ、選ばれて国命で遠国の日本から唐朝にやってきた。衣冠装帯を着けて朝廷に上った様子は堂々としていた。ところが思わぬことに、一生懸命、勉学に励み、学業がまだ終わらない中で急に病気になり、開元 22 年（734）に 1 月に官舎で亡くなった。36 歳であった。
　　皇帝は大変残念に思い、特別な扱いで詔を出して尚衣奉御を追贈し葬儀は公葬にした。2 月 4 日萬年県の郊外滻水東岸の原に埋葬することにした。体は異土に埋葬されたが、魂は故郷に帰るにちがいない。

井真成の出自について東野治之は、現藤井寺市の古代帰化系氏族で外交上の様々な実績がある「葛井氏 (ふじい)」と推定する。しかし葛井氏は渡航するときは白猪姓 (しらい) であり、その養老元年（717）の渡唐後に『続日本紀』元正天皇養老 4 年（720）にある日本の賜姓を知ったとしても、唐では日本と違い安易な改姓はできないという批判がある。東野治之はそれに対し、賜姓 (しせい) で一気に改姓したのではなく、先行して和銅 4 年（711）一部が改姓して葛井姓となった後に全体に波及したと、反論している。

鈴木靖民は同地区の帰化系氏族の「井上忌寸氏」出身ではないかと推定する。井上説には支氏 (えだし)（末流）に東漢氏 (やまとあや) など遣唐使・遣新羅使・遣渤海氏・これらの事務官への就任者がいるとしているが、この説は東野治之の補強意見ともなる。

## ❖天然痘の流行

ところで井真成が中国で亡くなった「開元22年（734）」という年は『続日本紀』聖武天皇天平6年（734）に当たり、『続日本紀』正月17日条には「正3位藤原朝臣武智麻呂に従2位、従3位多治比真人県守、藤原朝臣宇合のそれぞれ正3位に任じ」とあり、「正6位下の藤原仲麻呂を従5位下に任じ、従2位の藤原武智麻呂を右大臣に任ず」とある。

また先に述べたように聖武天皇天平9年（737）は天然痘が流行し、藤原4兄弟房前・麻呂・武智麻呂・宇合が亡くなった。多治比真人県守の死も天然痘によるものではないかという説もある。すると井真成の死も天然痘によるものではないかという推理も成り立つ。

なぜなら唐の第9代皇帝玄宗（在位712-756）は疫病に罹ったことがあり、高熱の疫病が夢でみた魔除けの鬼神によって治癒されたという伝承は、玄宗皇帝の治世に熱病が蔓延したことを物語っている。

『続日本紀』聖武天皇天平9年（739）の藤原4兄弟や多治比真人県守の死亡は元正天皇霊亀2年（716）遣唐使多治比真人県守一行が唐から太宰府に持ちかえった天然痘による疑いがある。聖武天皇が東大寺大仏殿を建立したのも疫病根絶の祈願のためであったこともほぼ解明されているからである。


## ❖石渡信一郎の指摘

ところで石渡信一郎は多治比真人県守を遣唐押使とする大規模な派遣の目的について次のように明らかにしている。

日本書紀編纂段階Ⅲ期（712-720）に神武天皇の和風諡号は神日本磐余彦、孝霊天皇の和風諡号は日本根大子彦太瓊に改められた。これはⅢ期に律令国家が「九州にあった倭国が大和にあった日本国を併合し、国名を日本国とした」ということに、国名変更の新しい理由を考えたためである。

　『続日本紀』によると、元正天皇養老元年（717）3 月に遣唐使多治比県守らが唐に派遣され、翌 718 年（養老 2）10 月に帰国し、12 月に帰京している。この遣唐使多治比県守は新しい国名変更の理由を唐に説明し、唐の承認を得たのである。

　律令国家が神武・孝霊などの和風諡号に「日本」を使用することを最終的に決定した時期は、遣唐使多治比県守が帰京した年の翌 719 年と見ることができる。日本書紀を編纂指導管理したのは藤原不比等である。

　井原教弼は「ある時期」に孝霊が初代天皇であったとしているが、「ある時期」は日本書紀編纂段階 I 期（691–704）の後半と考えられる。そして　持統天皇は 697 年に孫の軽皇子（文武）に譲位したので、I 期後半の「原日本書紀」は「原持統紀」で終わっている。

　日本書紀編纂者が日本書紀編纂段階 I 期（691–704）の開始を 691 年としたのは次の理由からである。681 年（天武 10）2 月天武天皇は律令を定め法式を改めることを命じ、3 月に帝紀・上古諸事の検討作業を開始させたが、686 年（朱鳥元）9 月に死亡した。その後、689 年（持統 3）6 月、飛鳥浄御原令が諸司に班賜された。そして 691 年（持統 5）持統天皇は大三輪氏など 18 氏の墓記を上進させて日本書紀の編纂が正式に開始されたのである。

　また、先の垂仁紀 25 年 3 月条の「一説」に始まる分注記事には、丁巳年（垂仁 26）の出来事として、倭大神（倭大国魂）が人に乗り移り、「崇神天皇が神祇の祭祀の根源を探らなかったために短命であった」といったとあり、日本書紀は「崇神紀」では崇神天皇の死亡年齢を 120 歳、垂仁紀で垂仁天皇の死亡年齢を 140 歳としている。

　しかし 712 年に成立した『古事記』は崇神天皇の死亡年齢を 168 歳、垂仁天皇の死亡年齢を 153 歳としている。つまり崇神天皇を短命とはしていない。したがって倭大神（倭大国魂）が「其の天皇命短し」といったという分注の記事が作成された年は、日本書紀編纂段階の III 期にあたる元正天皇養老元年（717、丁巳年）とみられる。

# 5 倭王武の分身ヤマトタケル

## ※ヤマトタケルの父景行天皇

　本節では日本書紀や『先代旧事本紀』では日本武尊、古事記では倭建命として登場するヤマトタケルの父景行天皇の正体を明らかにする。初代天皇神武に始まる古代天皇一覧をみてもわかるように景行天皇は崇神→垂仁に続く第12代天皇である。

　日本書紀巻第7は第12代景行と第13代成務の両天皇の2代紀だが、成務天皇の記事は景行天皇の1割に満たない。一方「景行紀」は景行とその子ヤマトタケルの記事が半々である。古事記はほとんどヤマトタケルの記事で満たされている。すでに井原教弼が「神武＝景行＝応神」と指摘しているように景行は謎の天皇であり、石渡信一郎は架空の天皇としている。

　景行天皇の和風諡号はオオタラシヒコオシロワケ（古事記は大帯日子淤斯呂和気、日本書紀は大足彦忍代別。以下オオタラシヒコ）といい、父の垂仁はイクメイリヒコイサチ（日本書紀は活目入彦五十狭茅、古事記は伊久米伊理毘古伊佐知）、祖父崇神はミマキイリヒコイニエ（日本書紀は御真木入日子印恵命、古事記は御真木入日子印恵）という。

　「紀記」（日本書紀と古事記）によれば景行天皇には日嗣の御子（皇太子候補）が3人いた。ヤマトタケル（倭建命、別名倭男具那）・ワカタラシヒコ（若帯日子、後の成務天皇）・イホキイリヒコ（五百木之入日子）であるが、即位したのはワカタシヒコ（成務）である。ヤマトタケルは衆知のように即位することはなかった。イホキイリヒコについては古事記応神天皇に次のように書かれている。

　　天皇（応神）は品陀真若王娘の女王と結婚された。その中の一柱の名前は高木之入日売命で次は中日売命、次に弟日売命である。〔この女王たちの父のホンダマワカはイホキイリヒコが尾張連の祖先建伊那陀

宿禰の娘志理津紀斗売と結婚して生んだ子である〕。


### ❖武内宿禰＝昆支＝倭王武＝内臣佐平

『日本古代国家の起源』の著者井上光貞は「元の帝紀では、崇神→垂仁→景行→イホキイリヒコ→ホムダマワカ→ナカツヒヒメ（ホムダマワカの次女、『日本書紀』は仲姫、『古事記』は中日売）の系図だけであったと指摘した。しかし7世紀に万世一系の思想のもとにヤマトタケルの名と物語が付け加わって、ヤマトタケルは景行の子でイホキイリヒコの弟とされた」と指摘した。

井上光貞は実在しないヤマトタケル・成務・神功皇后を抜き去ると、『古事記』の系図は成立しないとし、ヤマトタケルや神功皇后の物語が割り込んできたために書き改められたと考えた。井上光貞によれば、応神は崇神から始まる皇統の直系ではなく景行からイホキイリヒコを経てホンダマワカに至る系統に入婿した。

しかし大谷英二は「イリ系系譜の復元に関する一試論」（『史正』3号）で井上光貞の欠点を補い、垂仁とイホキイリヒコの間に景行の代わりに垂仁の長子で景行の兄イニシキイリヒコ（五十瓊敷入彦、古事記は印色入日子）を入れた系図を作成した。さらに石渡信一郎が大谷英二の系図を修正した系図を作った。

石渡信一郎は「紀記」に登場する成務・武内宿禰・ヤマトタケルを440年に生まれた応神（昆支・倭王武）の虚像としている。というのは日本書紀成務天皇3年正月7日条に「武内宿禰を大臣とした。先に、天皇と武内宿禰は同じ日に生まれた」とある。また、石渡信一郎は武内宿禰の名は百済蓋鹵王の弟昆支が倭国に渡来する前の位が百済官制16品官のトップの「内臣佐平」から名づけられた人物としている。

（倭の5王と倭武との関係図を参照）


### ❖五十瓊敷入彦は倭の5王の「讃」

井上光貞が成務・仲哀・神功を和風諡号に共通する「タラシ」から架空

の天皇と判断したように、石渡信一郎は井上光貞が実在するとした景行天皇も「オオタラシヒコオシロワケ」とあり、「タラシ」「ワケ」という称号であることや、崇神王朝の皇子皇女の「イリ・キ」という特徴的な称号がないことから架空の天皇とした。

このように架空の天皇景行が割り込んできたために、垂仁の長子イニシキイリヒコ（五十瓊敷入彦）は消されてしまった。しかし「垂仁紀」39年10月条に「イニシキイリヒコは茅渟菟砥の川上宮にいて剣一千振を作って石上神宮に納めた」とあり、また「垂仁紀」87年2月条には「イニシキイリヒコは妹の大中姫に命じて神宝をつかさどるように命じたが、大中姫は物部十千根大連に神宝を授けて治めさせた」とある。

したがって石渡信一郎は垂仁が皇后日葉酢媛との間にもうけた第1子のイニシキイリヒコを倭の5王「讃・珍・済・興・武」の讃とし、第5子のワカキニイリヒコ（稚城瓊入彦）を珍にあてはめた。

それでは讃の子のイホキイリヒコはどうなったのか。『宋書』倭国伝にもイホキイリヒコの名は見えない。しかし兄弟相続制が残っている時代なので何らかの都合で弟の珍が即位したため、イホキイリヒコは即位することはなかった。したがって珍の死後はイホキイリヒコの子ホムダマワカ＝済が即位することになったというのが石渡信一郎の説である（拙著『日本古代国家と天皇の起源』参照）。


### ※カゴサカ王とオシクマ王の反乱

石渡信一郎は系図をさらに発展させ、この系図によって従来から不明確とされていた「神功皇后凱旋と麛坂王・忍熊王の謀反」の史実を解明した。この反乱については『日本書紀』仲哀天皇9年（西暦200年の庚辰年）2月7日条に次のように書かれている。この年は仲哀天皇が死亡した翌年にあたり、応神が生れ、神功皇后の摂政元年にあたる。

　　新羅を討伐した翌年の2月、皇后は群臣と百官を率いて穴門（長門）の豊浦宮に移り、そこで天皇の遺体を収めて瀬戸内海航路を都に向

かった。その時、麛坂王と忍熊王（応神と腹違いの兄弟）は、皇子（応神）が生れたと聞いて謀叛を企てた。

　文中のこの麛坂王と忍熊王（以下、オシクマ）は、仲哀天皇2年11月条に「気長足姫を立てて皇后とした。叔父の彦人大兄の娘大中姫を娶って麛坂王と忍熊王を生んだ」とある。麛坂王とオシクマの謀反は武内宿禰の軍略やアマテラスの啓示によって鎮圧されるが、「倭の5王と倭武（昆支）との関係図」からわかるようにオシクマ王は、倭の5王「讃・珍・済・興・武」の済（ホムタマワカ）と大中姫の子である。
　この図は景行＝讃（イニシキイリヒコ）の次に弟の珍（ワカキニイリヒコ）が倭国王となり、「讃」系と「珍」系王統の2つに分かれ、彦人大兄が王位継承資格者であったことを示している。しかし彦人大兄＝和訶奴気（『古事記』に成務の子）は王位継承争いで殺害されたとみてよい。ちなみに彦人大兄は物部・蘇我戦争で殺された押坂彦人大兄（天武と天智の祖父、舒明天皇の父）と名が似ているがそうではない。

## ※倭王済に殺害された倭王珍
　イホキイリヒコの子済ホムダマワカは、百済王女シセツヒメ（新斉都媛。百済直支王の娘）を妻に迎え、倭の5王「讃・珍・済・興・武」の興と高木入姫・仲姫を生んでいる。石渡信一郎は、済ホムダマワカはシセツヒメを迎えるとき、祖父讃イニシキイリヒコ（在位410-437）から、讃の弟珍ワカキニイリヒコ（在位438-442）の死後は済ホムダマワカが即位する約束を得ていたにちがいないとしている。
　済ホムダマワカとシセツヒメの結婚に反対していた珍ワカキニイリヒコは、即位後に、兄讃との約束を破って自分の子彦人大兄を次期王位継承者としたので済に殺されたのだろう。ところで済の妻となったシセツヒメについて『日本書紀』応神天皇39年（308、戊辰）2月条に次のような記事がある

百済の直支王（腆支王）は、その妹新斉都媛を奉献して、わが朝廷に仕えさせたとある。この時、新斉都媛は7人の婦女を連れて来朝した。

　しかし『三国史記』百済本紀毗有王（在位427-455）2年（428、戊辰）条には「倭国から使者が来たが、随行者が50名であった」とあるので、「応神紀」39年（308、戊辰）の記事は、毗有王時代の史実が干支二運（120年）繰り上げて記録されたものとみられる。

　ちなみに毗有王の子が蓋鹵王と昆支と余紀（継体）であるが、昆支（応神、倭武）は済の娘高木姫と結婚し、また興の娘弟姫と結婚し欽明（ワカタケル）を生んでいる。継体は仲姫と母が異なる目子媛と結婚して安閑・宣化を生んでいる。この系図から百済系の応神（昆支・倭王武）と継体は2派に大きく分かれるようになる。

### ※オシクマの反乱の真相

　ヤマトタケルの子として作られた架空の天皇仲哀は、「紀記」には数え年52歳で亡くなったと書かれている。仲哀の本体済ホムタマワカも52歳で死亡したとみられるので、428年には数え年18であったと推定できる。428年当時の倭国王は讃イニシキイリヒコであった。讃は加羅系崇神王朝2代目の垂仁と違って百済系王朝に対して親近感をもっていたので済の妻としてシセツヒメを迎えることにしたのである。

　先の「倭の5王と倭武（昆支）との関係図」から済の妻シセツヒメと前妻の大中姫を境にして旧加羅系物部・中臣＋百済系継体と百済系応神（昆支、倭武）のグループに分かれていることが理解できる。石渡信一郎はオシクマ王の反乱の真相について、次のように書いている。

　　オシクマ王は、祖父彦人大兄を殺した父の済ホムダマワカと異母弟の興に対して、恨みを抱いていた。477年3月、応神（昆支・武）が百済に戻った直後に、オシクマ王は興を暗殺し、加羅系倭国でも「左

賢王」ともいうべき地位にいた応神（昆支・武）の即位に反対して反乱を起こした。しかし急遽、倭国に戻った応神（昆支・武）によって、オシクマ王の反乱は鎮圧された。

　奈良市山稜町の五社神古墳（墳丘長 275m）は、現在「神功皇后陵」とされているが、出土した埴輪の年代から 450 年中頃とみて、珍ワカキニイリヒコの陵墓と推定できる。また五社神古墳の近くにある佐紀石塚古墳（奈良市山稜町、墳丘長 218m、450 年代）を珍ワカキニイリヒコの子彦人大兄の陵墓としている。彦人大兄の本拠も佐紀の地にあった。彦人大兄の孫オシクマ王の本拠が奈良市北西部の押熊にあったのは、彦人大兄の本拠から遠ざけられたためである。

# 第7章　天武・持統・不比等のアマテラス

## 1　壬申の乱

### ◈太安万侶の父多臣品治

　天智天皇は弟の天武を病床に呼んで「私は重病である。後事をお前に譲りたい」云々と言いながら、その10ヵ月前に大友皇子を後継者の地位に定めていた。しかし天武が天智天皇の弟でなく兄であり、馬子の娘法提郎女を母にもつ古人大兄であることを知るならば、壬申の乱（672）は起こるべくして起こったと言ってよい（拙著『天武天皇の正体』参照）。

　天武・持統と草壁・忍壁両皇子と舎人朴井連雄君ら20余人と女官10余人の一行が、吉野宮を出発したのは天武元年（672）6月24日であった。天武は吉野宮を出発する前にすでに穴八磨郡の湯沐浴多臣品治に不破道を閉鎖して決起するように命じた。

　太安万侶の父湯沐浴多臣品治は、紀臣阿閇麻呂・三輪君子首・置始連菟らと共に数万人の軍衆を率いて伊賀の莿萩野を防衛したことで、壬申の乱の勝利に導いた大なる貢献者であった。

　多臣品治は、壬申の乱から11年後の日本書紀天武天皇12年（683）12月13日条に、「諸王5位伊勢王・大錦下羽田公八国・小錦下多臣品治・小錦下中臣連大島、併せて録史・工匠者どもを諸国に派遣して国境を定めた」と、その名を連ねている。

　この時の多臣品治の位は中臣連大島と同じ小錦下（26階中12位で上が小錦中、下が大山上）である。中臣連大島は2年前の天武天皇10年（681）の「帝紀および上古の諸事を記録し確定する作業」、いわゆる日本書紀編纂事業に参加したメンバーの1人である。大錦下羽田公八国については拙

著『法隆寺の正体』に書いたことをそのまま次に引用する。

　「公」の羽田矢国は天武天皇元年（672）7月条によると、多臣品治・田中臣足麻呂ら大海人軍の攻撃軍に対して犬上川（琵琶湖に入る川）に防衛陣地（滋賀県犬上郡多賀町・甲羅町の境界）を置くが、内乱によって山部王（正体不明）が蘇賀果安と巨勢臣比等に殺され、その後、蘇賀果安は自決する。この時点で近江朝廷の将軍であった羽田公矢国とその子の大人らは一族を率いて大海人軍に投降したとある。
　内乱と山部王の殺害が引き金となって羽田公矢国が大海人軍に投降したのであれば、羽田公矢国と山部王はなんらかの親密な関係があるのかもしれない。羽田公矢国はあるいは大海人と旧知の間柄であったのだろうか。いずれにしても「公」と「真人」の羽田八（矢）国は同一人物であることがわかる。羽田八国の大弁官直大参という肩書きは天武朝において太政官にならぶ地位にあり、ともに天皇直属の審議官であったことである。

### ※正体不明の伊勢王

　不思議なのは多臣品治がいうところの「諸王5位伊勢王」のことである。この伊勢王は日本書紀孝徳天皇白雉元年（650）1月15日条に「伊勢王・三国公麻呂・倉臣小屎が輿の後部をもって、玉座の前に置いた」とあり、伊勢王について訳者頭注には「斉明紀・天智紀の2カ所に薨去記事がある。いずれも"7年6月"とあることから重複であろう」と書かれている。重複記事とはいっても斉明紀は「6月に伊勢王薨去」とあり、天智紀には「6月、伊勢王とその弟の弟王と相次いで薨去した」とある。
　「孝徳紀白雉元年2月」・「斉明紀7年6月」・「天智紀7年」「天武紀12年12月」「天武紀13年10月」「天武天皇朱鳥元年6月」「天武天皇朱鳥元年9月」「持統天皇2年8月」など計10回も登場する伊勢王だが、なぜかその正体は不明である。
　ひとつ気になるのは、先に述べた記事の繰り返しになるが、多臣品治と

一緒に国境を定めたという天武紀12年12月13日条の「諸王5位伊勢王・大錦下羽田公八国・小錦下多臣品治・小錦下中臣連大島、併せて録史・工匠者（たくみ）どもを諸国に派遣して国境を定めた」いう記事の伊勢王と太安万侶の父多臣品と藤原不比等の関係から推察される「録史（ふひと）」という職種のことである。というのは翌年の天武紀13年2月24日条に次のように書かれている。つまり伊勢王は録史＝録事を職種とする人物であることもわかるからである。

　　　浄広肆（じょうこうし）広瀬王・小錦中大伴連安麻呂及び判官・録事（ふひと）・陰陽師（おんようじ）・工匠らを畿内に派遣し、都を造るのにふさわしい地を視察・占卜させた。

　また天武13年（684）10月3日には「伊勢王らを派遣して諸国の境界をさだめさせた」とある。また天武天皇朱鳥元年（686）正月条は「天皇（天武）は宴会の際に、正解を出した者には褒美を与えると言い、高市皇子と伊勢王に褒美を与えた」とある。

　さらに同年9月27日の記事に「次に浄大肆（じょうだいし）伊勢王が諸王の事を 誄（しのびごと）した」とある。「最初に壬生（みぶ）（皇子の養育に従事する職業集団）の事を誄したのは大海宿禰蒭蒲（おおしあますくね あらかま）であった」とあり、この誄は天武天皇の死去（朱鳥が元年9月9日）のために行われたものである。

　さらにまた持統天皇2年（688）7月11日条は「浄大肆伊勢王に葬儀のことを奏上宣言させた」とある。つまり伊勢王は孝徳天皇白雉元年（650）から持統天皇2年（688）まで38年生存していたことになる。

### ❖日本書紀の藤原不比等

　日本書紀頭注は録史＝録事を「記録・文書をつかさどる官職。隋書にあるこの官に倣った名称で、令制4等官第4と同じ」としている。しかしはたしてそうだろうか。藤原不比等の名は「並びなきもの」としてつけられたという説があり、また「録史」からつけられたとする説もあるが後者が正解に近い。天皇に仕えるものが「不比等＝並びなき者」とはつける

はずがないし、諸王伊勢王とおなじように録史の位階は正4位であまり高いといえない。

　ところで日本書紀における藤原不比等の初出は「藤原朝臣史」の名で持統天皇3年（689）2月6日の次の記事である。

　　淨広肆竹田王・直広肆土師宿禰根麻呂・大宅朝臣麻呂・藤原朝臣史・当麻真人桜井・穂積朝臣山守・中臣朝臣臣麻呂・巨勢朝臣多益須・大三輪朝臣安麻呂を判事とした。

　この記事のなかに記録を職種とする藤原史（不比等）がいるならば、同じ職種の伊勢王の名があってしかるべきだが、その名は見えない。ちなみに記事の1人「藤原朝臣史」について『日本書紀』頭注には次のように書かれている。

　　　鎌足の第2子。「不比等」とも。扶養氏族田辺史大隅の名にちなむ。『懐風藻』『扶桑略記』に斉明天皇4年（658）、『尊卑文脈』には斉明5年（659）生まれとある。

　『懐風藻』は孝謙天皇天平勝宝3年（751）に編纂された日本最古の漢詩集である。

　また『扶桑略記』は寛治8年（1094）以降の堀河天皇代に比叡山功徳院の僧皇円が編纂したとされる。『懐風藻』『扶桑略記』に従えば、壬申の乱の年（672）の藤原不比等の年齢は14歳前後とみてよい。

　すると藤原史として初出の持統3年（689）の時点では31歳である。次に引用する「藤原不比等」で登場する記事、日本書紀持統天皇10年（698）10月22日の時点では40歳になる。

　　正広参位右大臣丹比真人に資人120人、正広肆大納言阿倍朝臣御主人・大伴宿禰御行の両人には80人、直広壱石上朝臣麻呂・直広

弐藤原朝臣不比等の両人に50人を仮に賜った。

### ◈藤原不比等皇胤説

　伊勢王の正体不明の件から藤原不比等の出自と系譜に発展したが、伊勢王の地位と業績は破格とはいえないまでも、それ相当の地位にあったと推測できる。とくに天武12年（683）の中臣連大島・多臣品治らとの国境定めの任務、天武天皇朱鳥元年（686）の天武天皇の死去のための誄などから伊勢王の天武・持統との深い関係は無視できない。それにもかかわらず伊勢王の正体は相も変わらず不明である。

　一方の藤原不比等は持統3年には判事の職種と50人の付人まで与えられるほどの出世をしている。日本書紀の伊勢王と藤原不比等についての記事は矛盾に満ちているが、最も知りたいことが隠されているとみてよい。またその正体を隠し続けることのできる人物は破格の権力を有している者でなければできない。したがって伊勢王は藤原不比等の分身か虚構の人物と、私は想定する。

　実は、藤原不比等は鎌足の子でなく天智天皇と母が車持氏の子で鎌足が譲り受けたという不比等皇胤説がある。私はその信憑性はかなり高いとみる。『かぐや姫と王権話』の著者保立道久は、かぐや姫の求婚者5人のなかの1人車持皇子は藤原不比等をモデルにしているのはほぼ間違いないだろうとし、不比等は天智天皇と車持よし子の間に生まれた皇子であるという強力な伝承をスクープしている。

　ちなみに紀州藩の命で『紀伊続風土記』『紀伊国名所図会』を編纂した江戸時代の国学者加納諸平は藤原不比等を『竹取物語』の車持皇子としている。『竹取物語』ではかぐや姫から自分と結婚する条件として、東方海上にあるという「蓬莱の玉の枝」を取ってくるようにいわれるが、車持皇子は出航せず、綾部内麻呂ら職人たちにそれらしきものを作らせ、帰航を偽装してこれをかぐや姫に献上した。

　竹取翁は本物だと思い込み、寝床の支度まで始めるが、職人たちが玉作りの報酬をもらっていないと訴え出たために偽物と判明、かぐや姫はただ

ちにこれを返品し、職人たちには褒美を与えた。車持皇子は職人たちを逆
恨みし、血が出るほどお仕置きしたという。

『公卿補任』の不比等の項目に「実は天智天皇の子と云々、内大臣大職
冠鎌足2男史、母は車持国子の女、輿志古也」とある。また『大鏡』は天
智が「生れた子供か、男ならば、お前の子にし、女ならば朕のものとする
といって、妊娠中の自分の女御を鎌足に与えたが、生れたのは男で、それ
が不比等であった」と伝えている。『帝王編年記（斉明）』『尊卑文脈』の
記載もほぼ同じだという。この件についての検証には限界があるので、ひ
とまず次に進むことにする。


◈湯沐邑と大海人皇子

太安万侶の父多臣品治の肩書「湯沐浴」から「伊勢王」に話が横道に
それたが、「湯沐浴」の話に戻る。「湯沐浴」というあまり聞きなれない多
臣品治の肩書は何を意味するのか調べてみると、湯沐邑は古代中国周の制
度として始まったとある。

それによれば、天子が泰山（中国、山東省中部にある名山）を祭るとき、
諸侯もみな泰山に従う。そのとき諸侯はみな湯沐のために邑をもつという。
また、方伯（地方の諸侯を統率した大諸侯）が天子に朝するときには、みな
天子の県内に湯沐の邑をもつとある。

斎戒沐浴（身を清めること）を名目とするが、湯沐邑は言うなれば遠方
からの諸侯・従者の滞在に必要なものを現地で満たすために与えられた領
地である。前漢・後漢になると、湯沐邑は皇太子・皇后・皇太后その他皇
族に与えられた。湯沐邑の所有者は統治権をもたず税収のみ手に入れた。

「壬申紀」に見える湯沐邑は、この漢代の制度を踏襲したものと考える
ことができる。すると湯沐令は湯沐邑を治める長官と見てよい。しかし、
壬申の乱に登場する多臣品治と田中臣足麻呂が2人とも湯沐邑の長官で
あったとなると、湯沐邑が美濃国に2つ以上あれば別だが、はっきりした
ことはわからない上、参考になる文献資料もすくない。

しかし湯沐邑が大海人皇子に与えられた領地であったと推定はできる。

というのは、湯沐邑と大海人皇子こと天武の関係が極めて密接であったからこそ、大海人は島の宮から吉野に直行し、その吉野から出発する前に乱の挙兵を湯沐令に命じることができたのである。

　後に天武が、天武一行を鈴鹿郡家で湯沐令田中臣足麻呂と一緒に迎えたことのある三輪君子首の死去を知らされ、その死を悼む記事が天武紀5年8月条に次のように記されている。

　　　　この月、大三輪真上田子人君が死去した。天皇（天武）はこれを
　　　　聞いて大そう悲しんだ。壬申の乱の功績によって、内小紫位を追贈
　　　　した。そうして諡して大三輪真上田迎君とした。

　「小紫」は26階冠位の第6で、大宝律令制の従3位相当である。当時、伊勢介として天武を迎えた子首が、湯沐令多臣品治とともに天武の覚えが極めてよかったことを物語っている。湯沐令は日本では史料的には壬申紀だけに登場する言葉で、天智天皇の代か、それ以前に置かれたが間もなく廃止された制度と考えられている。

　天武紀5年8月条の「大三輪真上田子人君」とは日本書紀巻28天武天皇上元年6月24日条（壬申紀）に「大山を越えて伊勢の鈴鹿に着いた。ここに国司守三宅連石床・介三輪君子首及び湯沐令田中臣足麻呂・高田首新家らが、鈴鹿郡に参上して天皇（大海人）にお目通りした」とある介の三輪君子首のことである。

　訳者頭注は「介三輪君子首」について「伊勢介として皇子を鈴鹿郡に迎え、後に伊勢から大和へ侵攻。天武5年8月是月条に「大三輪真上田子人卒せぬ。皇子を迎えたので"大三輪真上田迎君"と諡された」と解説している。すると先の『かぐや姫』の車持皇子が伊勢王と呼ばれたことに何ら不思議ないことがわかり、ますます伊勢王は藤原不比等の分身・虚像ではなかったかという疑いが残る。

## ❖島の宮と古人大兄

　多臣品治が湯沐令であった美濃国安八磨郡（後の安八郡）は、現在の大垣市を中心とする南の安八町・輪之内町、北の神戸町・池田町を地域とする一帯と思ってよい。JR東海道線の関ヶ原駅を基点に北は伊吹山地、南は養老山地、その２つの山地を結ぶラインの東側が当時の東国と考えられる。

　大化改新直後、古人大兄は謀反のため誅殺され、大海人皇子が壬申の乱までほとんど登場しないのはその虚構のためであるが、実際は古人大兄皇子＝大海人皇子は隠然たる皇太子であった。おそらく古人大兄皇子＝大海人皇子は、大化改新以前から湯沐邑を美濃国にもっていたのだろう。

　太安万侶の父多臣品治はその湯沐令として古人大兄皇子＝大海人皇子に仕官していた役人であろう。壬申の乱の際、天武が島の宮から吉野に入り、不破に拠点を置くまでに協力する人物はほとんど大化以前からの古人大兄＝大海人皇子の舎人か配下の者に違いない。

　おそらく朴市田来津もその一員の可能性がある。朴市田来津らは古人大兄皇子らと謀反を起こさなかったが、大化改新後の天智中央政権による一連の政治改革に反発したか、従う姿勢を示さなかったので中大兄に弾圧された可能性がある。

　大海人こと天武は壬申の乱では、島の宮から出発し、島の宮に帰還したが、その島の宮も大王馬子の娘法提郎女が大王馬子から譲り受けた離宮を古人大兄＝大海人皇子に与えたと推定できる。

　天武天皇５年正月16日の大射の礼を島の宮で行ったことや、天武天皇10年９月５日赤亀を島の宮の池に放った話や、持統天皇４年の３月20日の「京と畿内の人で、年80以上の者に、島の宮の稲を１人あたり10束賜った」という記事からわかることだが、島の宮は天武にとって特別の離宮であった。のちに島の宮は天武と持統の嫡子草壁皇子の離宮となったこともその大きな証拠である。

## 2　アマテラスの故郷

### ❖天武、アマテラスを遥拝する

　壬申の乱で天武がアマテラスを遥拝したのは吉野を出発して2日目の
26日の朝であった。

　　　　朝明郡の迹太川の辺りで、天照大神を望拝した。

　天武がアマテラスを望拝したという迹太川（朝日川）の辺りは現在の四
日市市大矢知町とされ、大矢知興譲小学校から南に15分ほど歩いた斎宮
に「天武天皇迹太川遥拝所跡」がある。遥拝所跡は三岐鉄道（富田駅・西
藤原間26.5km）の大矢知駅の南側に位置し、駅の北側を東西に朝日川が流
れる。近鉄富田駅が大矢知駅の次駅になる。

　天武遥拝の記事は、通説ではこの時、近江側と戦っていた天武が伊勢神
宮の祭神アマテラスに戦勝を祈願したことになっている。しかしこの時天
武が遥拝したのはアマテラスではなく、崇神の霊アマテルであった。

　なぜなら天武がアマテルを拝んだのは尾張連系の大海氏に養育された天
武が加羅系日神アマテルを拝むことによって、味方についた湯沐令の多臣
品治ら加羅系豪族の信頼を得るためであった。尾張連はホアカリを祖とす
る天皇家の系譜に組み込まれている崇神王家の後身であるからだ。

　以下、天武がアマテラスを遥拝したのは崇神の霊アマテルであって、当
時、アマテラスは存在していなかったことを明らかにする。

### ❖大来皇女、斎宮となる

　壬申の乱が勝利に終わった天武望拝の翌年の日本書紀天武天皇2年
（673）4月14日条に次のようなことが書かれている。

　　　　大来皇女を天照大神宮に遣わして、泊瀬の斎宮に住まわせた。こ

こはまず潔斎するところでしだいに神に近づくための場所である。

この記事は父が天武、母が天智天皇の皇女大田皇女（持統の同母の姉）、弟に大津皇子をもつ大来皇女が伊勢の斎宮として派遣されるための準備として泊瀬（奈良県桜井市初瀬）に一時住んだことを物語っている。

大来皇女が派遣された日本書紀天武天皇3年（674）から4年（675）を経て朱鳥元年（686）5月9日までの12年の間に斎宮に関する記事を列挙すると次のようになる（年代順）。

◎　天武天皇3年（674）：大来皇女泊瀬斎宮から伊勢神宮に向かった。
◎　天武天皇4年（675）2月12日条：十市皇女（天武の第1皇女、大友皇子の正妃）・阿閇皇女（天智の第4皇女、後の元明天皇）が伊勢神宮に参向する。
◎　天武天皇朱鳥元年（686）4月27日：多紀皇女（天武の皇女）・山背姫大王（他にみえず）・石川夫人（天武の夫人）を伊勢神宮に遣わす。
◎　同5月9日：多紀皇女たちが伊勢から帰京した。
◎　持統天皇称制前紀（686）9月9日：天武天皇が亡くなった。皇后（持統）が政務を執った。
◎　同年10月2日：皇子大津の謀叛が発覚した。
◎　同年10月3日：皇子大津が訳語田（桜井市戒重）で処刑される。
◎　同年11月16日：伊勢神の祭祀に仕えていた皇女大来が京に還った。

なお、『続日本紀』文武天皇大宝元年（702）12月27日条に「大伯内親王（大来皇女のこと）が亡くなった。天武天皇の皇女である」と書かれている。ちなみにその直後の行に「この年、夫人の藤原氏（宮子）が皇子（首皇子、後の聖武天皇）生んだ」とある。

## ※伊勢神宮の成立はいつか

ところで伊勢神宮の成立については『続日本紀』文武天皇2年（698）9月10日条に「当耆皇女（天武天皇の皇女、託基とも多紀とも書く）を遣わして伊勢の斎宮に侍らしむ」とあり、同12月29日条に「多気大神宮（瀧原宮）を度会郡に遷す」とある。

当耆皇女が派遣された伊勢神宮は多気（三重県度会郡大紀町滝原）にあった斎宮とみられている。したがって天武の壬申の乱（672）当時は伊勢神宮もなく、アマテラスも存在しなかったことになる。

文武天皇が当耆皇女を斎王として伊勢に派遣したのは、文武天皇2年の12月に多気大神宮の祭神アマテラスを伊勢神宮の内宮に遷す準備のためであった。また翌年の『続日本紀』文武天皇3年（699）8月8日条に「南嶋の貢物を伊勢大神宮及び諸社に奉納した」と「伊勢大神宮」の名が初めて登場する。

『アマテラスの誕生』の著者筑紫申真（1920−1973）も多気神宮の祭神アマテラスが伊勢神宮の内宮に遷されたのは文武天皇2年（698）12月が史実であるとし、その時の「多気大神宮」は瀧原神宮であると指摘している。

しかし筑紫申真の多気神宮＝度会郡大紀町説は上山春平・石渡信一郎の多気神宮＝多気郡明和町説と異なることは後述することにして、ここでは筑紫申真のアマテラスの故郷、瀧原宮と伊雑宮（三重県志摩市磯部町上之郷）を紹介することにする。

## ※山の滝沢宮と海の伊雑宮

筑紫申真によればアマテラスは3回転身した。最初は太陽そのものであったが、次には太陽を祭る女になり、そして天皇家の祖先神になったのである。日神から大日霎、そしてアマテラスに変貌したというのである。

アマテラスの故郷は山の滝沢宮と海の伊雑宮である。三重県と和歌山県の奥深い山間部を走るJR紀勢本線の滝原駅の近くに滝沢宮はあり、一方の伊雑宮は広大な太平洋に面してポッカリくぼんだ的矢湾からさらに奥に

いりくんだ伊雑ヶ浦の浜辺にある。その伊雑ヶ浦に神路山を源流とする神路川の河口からさかのぼると伊雑宮に至る。

伊雑宮は近鉄志摩線の上之郷駅か志摩磯部駅が近い。海辺に近い東の伊雑宮と西の山峡にある滝原宮の距離は約 35 kmほどだ。東西ほぼ一直線の32.22 度の同緯度にある。伊雑宮（近鉄志摩線上之郷駅下車）は三重県志摩郡磯辺町大字上之郷に鎮座している。

かつて伊雑宮ではアマテラスは男の蛇であると言われた。古代日本では神は１年に１度、海か川か、あるいは海に通じている川をのぼって遠いところから訪問してくるものと考えられていた。人々は海岸や川端の人里離れたさびしいところに神の妻となるべき処女を住まわせ、神の訪れを待ちうけさせたのである。

この神の妻となるべき女性はふだん神の着物を機にかけて織っていた。神がおとずれたとき、これを着せて自分は神の１夜妻になるためであった。この神の着物を織る女性こそ、神まつりする巫女であった。


### ❖皇大神宮（内宮）と豊受神宮（外宮）

伊雑宮は一般には「イゾウグウ（伊雑宮）」とか「イソベ（磯部＝伊勢）さん」と呼ばれ、皇大神宮（内宮）の別宮であり、古くから皇大神宮の遙宮と呼ばれた。『万葉集』に「御食つ国、志摩の海女ならし、真熊野の小船に乗りて、沖辺漕ぐ見ゆ」と歌われているように、風光明媚な志摩の国は海産物に富み、古来神宮と朝廷への御料貢進地であった。

一方の宮川上流の山間部にある三重県度会郡大宮町の瀧原宮は宇治に引っ越した多気大神宮（瀧原宮。伊勢神宮）の名残だという。雨水をつかさどる川の神は天の神と結ばれている。神は大空を船にのって駆け下りてきて、目立った山の頂上に到着する。神は山頂から中腹をへて山麓に降りてくる。

人々が用意した御陰木に天の神の霊魂がよりつく。天の神がよりついたその常緑樹を人々は川のそばまで引っぱっていく。その時、御陰木から神は離れ、川の流れの中にもぐり姿をあらわす。これを神の再生という。神

が河中に出現するそのとき、御陰する神を流れの中からすくいあげるのが、神をまつる巫女の仕事だ。

　瀧原宮も伊雑宮も皇大神宮（内宮）の別宮になる。大宮町の瀧原宮のほうが格は上だ。瀧原宮は伊勢神宮の神社群のなかでも内宮、外宮に続く第3位の実力者である。伊勢神宮は皇大神宮（内宮）と豊受神宮（外宮）をあわせていう。皇大神宮の祭神はアマテラスだ。

　「皇祖神アマテラスと伊勢神宮は天武・持統によって創出された」とする筑紫申真の『アマテラスの誕生』は古代各地方にあまねく存在していた太陽神＝日神がどのようにして伊勢神宮・天照大神に変貌したのか、民俗学と日本神話研究の成果を駆使して説く優れた本といってよい。

　先の天武2年の大来皇女の斎王派遣の記事について、筑紫申真は「このときがアマテラスと皇大神宮の懐胎のとき」と書いているが、アマテラスの誕生について筑紫申真の次のような示唆に富んだ考察を紹介しないで通りすぎるわけにはいかない。要約してお伝えする。


### ※ "イセの大神" ＝ 南伊勢の神

　アマテラスの本格的な懐胎は、伊勢神宮の本格的な懐胎と同時であり、アマテラスの誕生もまた、皇大神宮（内宮）の成立と歩みをともにしている。天武・持統両帝の政権確立の歩みが、そのままアマテラスと伊勢神宮の胎内におけるあゆみである。

　大来皇女が赴任したころにはまだ神宮という呼び名がなく、"イセの大神"と呼んでいた。大来皇女がはじめての斎王であることや、天武が壬申の乱の時の願立のお礼として、大来皇女をイセ大神に差し出したことはそのまま信じてもよい。

　天武が北伊勢で日のカミとしてのアマテラスを拝したのは、「雷雨をやめてくれ」という願いであった。自然現象としての太陽・雷雨を祭ったにすぎない天皇が、南伊勢地方の"イセの大神"を指定して皇女をそのカミに献上し、そのカミの妻にしたのは深いわけがある。なぜ南イセを選んだのか。

そのことを知るためには、南伊勢地方の土豪の様子を知らなければならない。南伊勢の宮川下流域は度会県と呼ばれ、度会氏が県造となっていた。県造は独立性の強い政治団体ではあったが、大和の天皇政権に従属を誓っていた。

　南伊勢の渡会県造は南伊勢から志摩半島におよぶ海岸に住んでいる漁民を朝廷の代わりに管理していた。その海辺に住む血縁共同体の漁民を磯部（伊勢部とも石部）と呼ぶ。渡会氏はその磯部の国造であり、イセの大神＝日を氏の守護神として祭る大神主であった。

　このような磯部と呼ばれる漁民たちは、遠い昔に天皇家によって攻められ従属させられたにちがいない。伊勢・志摩（志摩はもと伊勢の国の1つの郡で、7世紀のころには淡郡と呼ばれていた）は御食国と呼ばれ、天皇の御贄にする乾しアワビなどの魚介類を朝貢していた。

　大化改新の前はイセの大神の国は神国と呼ばれていた。大化改新後、神国は度会・多気の2郡とされ、この2郡を神郡としてイセ大神に差し上げていた。つまり、そのカミの司祭者である度会氏の国を、実質的に存続させていた。しかしこのような例は伊勢だけではない。次にあげる郡はいわゆる神郡である。

　　安房国（千葉県）安房郡、出雲国（島根県）意宇郡、筑前国（福岡県）宗形郡、　常陸国（茨城県）鹿島郡、下総国（千葉県）香取郡、紀伊国（和歌山県）名草郡などである。それぞれ有名な安房神社・出雲神社・宗像神社・鹿島神宮・香取神宮・日前・国懸神宮。

　これらの国の神社はいわば独立国であり祭政一致を実行していた。したがって天武天皇に目をつけられた渡会氏は災難であった。自分で祭り、自分の国を自分で統治する神郡の独立性が天皇家によって侵されたからである。斎王が赴任するようになってから多勢の役人が大和から派遣され、南伊勢地方は政治的に隷属させられるようになった。日本書紀持統天皇6年（692）閏5月13日条に次のような記事がある。

　伊勢大神が天皇に奏上して「伊勢国の今年の調役を免除されました。そこで2つの神郡から納入するべき赤引糸35斤は、来年のその分を差引いていただきたい」と申告した。


　免税の嘆願をイセの大神がやっている。このことからも、当時、イセの大神はまだ天皇家の祖先神たるアマテラスオオミカミを意味していないことがわかる。この持統6年ごろはイセの大神は宮川・五十鈴川・外城田川の川のカミまつりを意味していたと考えられる。

### ※持統はなぜ伊勢参宮をしなかったか

　イセの大神のカミ妻として、天武天皇の皇女たちが南伊勢に派遣されてきた。持統天皇の手によって悲劇的な最期を遂げた弟大津皇子に対する大来皇女の別れの歌2首が万葉集に載せられていることからも、大来皇女が初代の斎王として南伊勢に在住していたことは疑う余地はない。

　天武天皇以後、持統天皇の治世6年までは天皇家はまだこのイセの神に対して内政干渉の類は行っていなかった。イセの大神が税金免除を嘆願した年の3月、持統天皇は伊勢と志摩の旅行を満喫し、「伊勢の白水郎朝な夕なに潜くといふ、鮑びの貝のかたおもひにして」と歌っている。史上最初の伊勢・志摩の観光旅行をこころみたのは持統天皇であった。

　その持統天皇が伊勢を訪れながら伊勢参宮をした形跡がないというのはおかしい。たしかにイセの大神はいた。しかし、特設の社殿もなく、カミは常住しているわけでもなく、名山大川にときを定めては天下ってきては、一夜妻と共寝の短いのを惜しみながら、あくる日には空に帰って行く。持統天皇も参詣のすべがなかった。

　持統天皇が伊勢・志摩に来たその年の5月26日条に「4カ所、伊勢、大倭、住吉、紀伊の大神に奉る。幣を奉納して新宮のことを報告する」と書かれている。藤原京を建設するための大工事にさきだって、各地の著名なカミを祀ったのである。このような書き方をみると、イセのカミはほ

かの土豪のまつる大神と同様に地方神である。

### ※プレ＝皇大神宮の実態

これらの記事は"イセの大神"と呼ばれるか"イセの杜"とか呼ばれるプレ＝皇大神宮の実態を意味している。山岳の森林であれ、平地の森林であれ、カミが降ってきてまつりを受ける森は神聖視されていた。

外城田川流域の蚊野神社（三重県度会郡玉城町蚊野字里中）や皇大神宮（内宮）の摂社である朽羅神社（三重県度会郡原字森ノ前）はよい例である。賀茂神社（京都）も賀茂川にのぞむ糺の森と呼ばれる森林のなかにある。

万葉集に柿本人麻呂が高市皇子の死をいたんでつくった「去く鳥の競う間に　度会の　斎宮ゆ　神風に……」という長歌がある。この歌は高市皇子が壬申の乱のときに伊勢度会の斎宮の方から神風がふいてきて高市皇子を助けたという内容の歌だが、問題は皇大神宮とも伊勢神宮ともアマテラスともイセとも言わず「渡会にある斎宮の方から……」といっている点である。

おそらくこの歌が作られた持統天皇10年（696）7月には伊勢神宮の前身であるカミの斎場にはカミが常住する建物がまったくなかった、ほとんどなかったといってもよい。

### ※天武の死去と大津皇子の殺害

8世紀以後の古代において伊勢に派遣された櫛田川の分流祓川のほとりの台地（近鉄山田線斎宮駅の東側の地）に斎宮が営まれていた。その場所は外宮から西北に2里半、内宮から3里半も離れている。

つまり「渡会にある斎宮」とは宇治の皇大神宮（内宮）をそのまま意味しているのではないことは断言できる。皇大神宮に朝夕、その宮域で毎日宿泊して仕えていた巫女は、実は天皇家の斎王ではなく、南伊勢地方の土豪の荒木田氏や、宇治土公や、磯部の娘であった。

天武天皇が没したその年（686）、皇后持統は大津皇子を殺害し、姉の大来皇女の職を解任した。11月、「伊勢の神祠に仕え奉る皇女、還りて

京師に至る」と日本書紀は記しているが、これは本当のことである。

　文中の「神祠」を現在のような神社と思うものはまずいない。「祠」は山川そのものを意味していることからも、五十鈴川（神路山を水源としているのは神路川と同じ）の河口岸にある神社は河口であると同時に海にのぞんだ場所であったので、神体は海の水であったと言える。

　アマテラスと皇大神宮の誕生の時期を明らかにするため史料を整理すると次のようになる。

1　天武2年（673、壬申の乱の翌年）、大来皇女はじめて斎王になった。この翌年、天皇家と地方神たるイセの大神とが伊勢の現地にはじめてそのつながりをもった（『扶桑略記』『日本書紀』）。

2　天武の没した年（686）、プレ＝皇大神宮は“イセの神祠”と呼ばれていた（日本書紀）。

3　持統3年（686）、プレ＝アマテラスオオカミを“天照らす、日女尊（1に云う、さしのぼる日女の命）”と呼んだ（草壁皇子の挽歌。『万葉集』）。

4　持統6年（692年、伊勢・志摩行幸の年）、イセの大神は地方神で独立国であった（日本書紀）。

5　持統6年、持統は伊勢に行っても伊勢参宮をしなかった（日本書紀）。

6　持統6年、プレ＝皇大神宮は“イセの大神”と呼ばれた（日本書紀）。

7　持統6年、プレ＝皇大神宮は“イセの社”と呼ばれた（日本書紀）。

8　持統10年（696）、プレ＝皇大神宮は、“ワタライの斎宮”と呼ばれた（高市皇子の挽歌。万葉集）。

### ◈多気大神宮＝滝原宮→皇大神宮（宇治）

　こうしてみると、天武が亡くなった年から持統10年ごろまでは、皇大神宮は成立していないことがわかる。するとアマテラスの誕生の年次は持統3年（689）以後、文武天皇2年（698）までの間ということになる。なぜなら文武2年（698）12月に多気大神宮を度会郡に移した時が皇大神宮

の誕生のときだから、この時すでにアマテラスが誕生していたとみることができる。しかし多気大神宮がすでにアマテラスを祀っていたかどうかは断定できない。

しかし『続日本紀』になると、「伊勢大神宮及び諸社……」（文武3年）、「伊勢大神宮及び七道の諸社……」（慶雲3年）、「伊勢神宮、大神社、筑紫の住吉・八幡二社及び香椎宮……」（天平9）等々、一変して伊勢神宮は他の神社とはちがった特別の祖廟として書かれるようになる。

ところで皇大神宮の成立は文武天皇2年12月だが、宇治の皇大神宮の確立以前に、皇大神宮に似たものとして多気大神宮（大紀町）が、天皇家の"氏のカミ"または"祖先神"の意識をもって祭られていたと考えられる。大神宮とか神宮の呼名で瀧原（三重県度会郡大紀町、JR紀勢線滝原駅下車）にあったのは確実である。

実際、瀧原宮は宮川の奥地にある広大（43町8反）なカミの森を営む実力は天皇家でなければなし得ない十分な大神宮の面影をのこしている。この森が多気大神宮と呼ばれるようになった時期は、この大神宮が宇治山田に引っ越しする文武天皇2年よりも数年前と推定できる。

であれば皇大神宮（宇治山田）の成立は文武天皇2年（698）12月であり、皇大神宮の前身に近い性格の多気大神宮（滝原神宮、大紀町）の存在はそれ以前の数年間と見ることができる。そしてそれより前は、名山大川に"みあれ"する姿なき"イセの大神"であった。

以上、筑紫申真の『アマテラスの誕生』から要約したが、筑紫申真が皇大神宮（山田）に遷る前のプレ皇大宮を大紀町の瀧原宮（度会郡大紀町）とするのに対して、三重県多気郡明和町にある斎宮とする上山春平と石渡信一郎野説を次に検証する。

# 3　持統天皇がつくった多気神宮

## ❖神庤・皇大神宮・瀧原宮の関係

　上山春平は『続神々の体系』で、「『皇大神宮儀式帳』によると垂仁時代から孝徳時代まで有爾土墓村に伊勢神宮の神庤（物忌みの館）があったが、孝徳時代に度会と多気（瀧）2つの評を分け、度会の山田原にも神庤を建てたので、神庤が度会と瀧の2つに別れた」としている。

　上山春平がいう有爾土墓村の神庤は現在の三重県多気郡明和町明星周辺で、神庤は神館、斎館ともよばれ、社殿の近くに設けて神官などが神事や潔斎のときにこもって物忌みをする建物のことである。であれば、先に筑紫申真が指摘した「多気大神宮＝滝原宮→皇大神宮」との関係はどうなるのだろうか。石渡信一郎の説も加味しながらみていくことにする。

　筑紫申真は、上山春平のいう神庤のある「三重県多気郡明和町明星周辺」について、「8世紀以後の古代において伊勢に派遣された櫛田川の分流祓川のほとりの台地（近鉄山田線斎宮駅の東側の地）に斎宮を営んでいた。その場所は外宮から西北に2里半、内宮から3里半も離れている」と指摘している。

　しかし上山春平の説について、石渡信一郎は「『皇大神宮儀式帳』は日本書紀にしたがってアマテラスが垂仁時代に伊勢に遷されたとしているうえ、天神地祇を定めることが不可能であった孝徳時代に建てられたとしているので、『皇大神宮儀式帳』の記事をそのまま受け入れることができない」としている。

　石渡信一郎によれば、『皇大神宮儀式帳』の記事は多気神宮（明和町）の実態を隠すために書かれたものといえるが、神庤は神宮・神社の近くに置かれたとみられるので、多気（明和町）に神庤があったとするこの記事は、多気の地に多気神宮があったことを示唆している。

　三重県多気郡明和町大字斎宮（近鉄山田線斎宮駅の東側一帯）の地には、東西約2km、南北1km、約160ヘクタールの広大な斎宮跡がある。『続日本

紀』光仁天皇宝亀2年（771）11月18日条に「鍛冶正従5位の気太王を遣わして、斎宮を伊勢に造らせた」とある。この神殿跡と檜原神社（三輪）は東西一直線の同緯度にある。問題の神殿は持統が689年に造営を開始し、翌690年2月に完成した多気神宮（明和町）の後地に建てられたと考えられる。

現在、この近鉄山田線斎宮駅の東側一帯は「斎王宮跡」（重要文化財指定）として昭和40年（1965）から発掘調査が開始され49年目（筆者が訪れた2014年）になる。発掘された出土品および斎宮に関する資料は史跡北部に建てられたモダンな斎宮歴史博物館内の見事なディスプレイによってわかりやすく見ることができる。

### ◈多気神宮→皇大神宮

さて、石渡説によれば持統天皇が即位式をあげた持統4年（690）、持統はアマテラスを皇祖神・聖母神として多気神宮（明和町）に祭ったが、アマテラスと建国神イタケル（応神、昆支＝武）をともに伊勢国に祭ることにし、すでに伊勢の渡会の山田原（現在伊勢神宮の外宮の所在地）に祭られていた建国神イタケルのため、持統6年（692）に新たに「原伊勢神宮」を創建した。したがって建国神イタケルのための外宮（豊受大神）が創建されたのは692年とみられる。

日本書紀持統天皇6年（692）3月6日条によると、持統は中納言三輪朝臣高市麻呂の農作の時期に行幸するのはいけない」という再三の諫言に従わず、ついに伊勢を訪れた。

　　　17日天皇は通過地の神郡および伊賀・伊勢・志摩の国造らに冠位を賜り、併せて今年の調役を免除し、また行幸に供奉した騎兵と諸司の荷丁と行宮建造の丁の今年の調役を免除し、大赦を行った。

石渡信一郎は、「神郡」は多気・度会の両郡だから、この時、持統は多気（明和町）と度会の両神宮を参拝したとみて、日本書紀持統天皇6年3

月条に持統が伊勢神宮を参拝したと書かれていないのは、日本書紀が「天皇が人と神を統治する」という思想によって編纂されたためだろうとしている。先の筑紫申真の説では持統は伊勢を訪れたが伊勢に参宮していないので伊勢神宮はなかったとしている。

高市麻呂が持統の伊勢巡幸に強く反対した理由について、石渡信一郎は建国神イタケルを祭る大三輪神社の神主であった高市麻呂は、「多気神宮」と「原伊勢神宮」（現在の外宮）の創建に反対していたからだとしている。

『伊勢神宮の謎』の著者武澤秀一は高市麻呂の再三の諫言を押し切っての伊勢行幸の目的を次のように書いている。

　　（持統が）行幸を強行した692年は、内宮最初の式年遷宮が終わってから2年後にあたり、9月に外宮最初の式年遷宮がなされた年である。行幸のあった3月は外宮遷宮の準備が佳境に入った頃であり、その年は内宮、外宮の式年遷宮がそろって完了する大事な年であった。

武澤秀一の解釈は持統自身、持統＝アマテラスとして振舞ったのだという。持統は神爾を手に入れることによって名実ともに神となり、さらに自らアマテラス化するという大胆に試みに挑んだのだとする。持統の抱く野望は先帝天武の意思を逸脱するものであった。女神アマテラスとして自らをプロデュースするためだという武澤秀一の指摘はあたっている。

しかし高市麻呂の反対した理由は先帝天武（馬子の娘法提郎の子）が建国神イタケルを崇拝していることを知っていたので、建国神イタケル（外宮）がアマテラス（内宮）に従属するのを嫌ったものと考えられる。

事実、鎌倉後期の1296年（永仁4）執権北条貞時の治世、内宮と外宮の関係を象徴する事件が発生した。両宮の禰宜が連名で朝廷に出す文書に、外宮側が「豊受皇太神宮」と署名したのである。

それまで外宮は「豊受太神宮」と名乗っていたが、この時、内宮と同じく「皇」の字を入れたのである。それは外宮が祭る神を、内宮が祭るアマテラスとならぶ皇祖とすることを意味していた。この外宮と内宮の諍いは

のち延々と続くことになるが、そもそも外宮（豊受大神命）＝建国神イタケルだから起こるべきして起こった諍いといえる。

## ※新神祇制度の内定

　こうして文武天皇2年（698）12月に皇祖神・聖母神アマテラスが多気神宮（明和町）から現在の内宮の地に移され、建国神イタケルを祭る「原伊勢神宮」（現在の外宮）と一緒にして「伊勢神宮」とされた。そして内宮の祭神アマテラスがスサノオの姉とされ、外宮の祭神イタケルが御食都神（穀物神）の豊受大神とされたのは、元明天皇元年慶雲4年（707、丁未年）11月とみられる。この年の6月15日文武天皇が死去している。

　日本書紀崇神天皇7年（紀元前91、庚寅）11月13日条に次のような記事がある。

　　伊香色雄に命じて物部の多くの人々が作った祭具を使って、大田田根子を大物主大神の神主とし、また長尾市を倭大国魂神を祭る神主とされた。〔古事記には「長尾市を倭大国魂神神を祭る神主とされた」という記事はない〕。

　　それから後に、他の神を祭りたいと占ったところ「吉」と出た。そこで別に八十万の神々を祭り、そして天社・国社と神地・神戸を定めた。こうして疫病は初めて途絶え、国内はようやく静穏となり、五穀もすっかり稔って、百姓は豊穣になった。

　元明天皇元年（707）新神祇制度が内定されたことと、和銅元年（708）正月1日の元明天皇の詔勅で新神祇制度が施行されたことは、「紀紀」に崇神時代の史実として記録されたが、正史の『続日本紀』には記録されなかった。

## 4　藤原不比等と元明天皇

### ◈日本書紀と古事記

さて日本書紀天武天皇 10 年（681）3 月 17 日条に次のように書かれている。

> 天皇は大極殿で、川島皇子・忍壁皇子・広瀬王・竹田王・桑田王・三野王・大錦下上毛野君三千・小錦中忌部連首・小錦下安曇連稲敷・難波連大形・大山上中臣連大島・大山下平群臣子首に詔して、帝紀及び上古の諸事を記録確定した。大島・子首が自ら筆をとって記録した。

通説ではこの記事は日本書紀編纂の着手のことだとされている。事実、日本書紀頭注にも「帝紀及び上古の諸事を記録確定した。大島・子首が自ら筆をとって記録したのが日本書紀である」と次のように書かれている。

> 天武天皇が大極殿で多くの皇子と有能な臣下の幾人かに国家の歴史書編纂事業の開始を宣言したもので、これが養老 4 年（720）に日本書紀として撰進される。

しかし天武天皇 10 年の記事をよくみると編纂事業が日本書紀のためであったと断定しているわけではない。なぜなら古事記成立の不可解さを考慮に入れると、この記事は古事記の編纂をも意味するのではないかと思わせるふしがある。

だが古事記に関しては本居宣長以来の古代史や国文学の学者・研究者によって天武天皇と稗田阿礼と太安万侶と元明天皇の連携による独自なものとされてきた。したがってここでは『神々の体系』の著者上山春平の説を検証してみることにする。

上山春平の考えはわかりやすく言えば「古事記は日本書紀より古く、日

本書紀とは別物である」という通説に対して「古事記と日本書紀はどちらも元明のときに仕上げの段階にはいっていた」という見方である。

　要するに実在していたのか、それともいなかったのか明らかでない稗田阿礼や日本書紀に無関係であったとされた太安万侶も、実は日本書紀と古事記の両方の編纂に関係していたのではないかという考えである。


◈藤原不比等の時代

　古事記序文によれば古事記が仕上げの段階に入ったのは、元明が太安万侶に編纂を命じた和銅4年（711）9月18日である。また『続日本紀』元明天皇和銅7年（714）2月10日条に「従6位上の紀朝臣清人と正8位下の三宅臣藤麻呂に詔し、国史を撰修させた」とあるが、この記事が日本書紀の仕上げとみられており、その完成は続日本紀に元正天皇の養老4年（720）5月下旬と記されている。

　であれば「紀記」の仕上げの段階は、古事記は和銅4年（711）の9月から翌5年の1月まで、日本書紀は和銅7年（714）の2月から養老4年（720）の5月までということになる。古事記と日本書紀の完成は平城遷都（710年）から藤原不比等の死去（720年8月3日）までの10年間のなかに入る。

　平城遷都から日本書紀が完成するまでの10年間の藤原不比等は、すでに持統天皇が死去し、石上（物部）麻呂は無きにひとしく、娘宮子の子首皇子（後の聖武）の祖父としてまた後見人としての比類なき権力を手にした。上山春平は天皇家と藤原家の関係について次のように書いている。


　　　日本書紀には、聖徳が天皇紀等の史料作成に着手したこと、天武が帝紀や旧辞の整理を側近に命じたこと等が伝えられている。しかし、元明と元正の両女帝の治世に完成されたその成果をつくづくと検討してみるならば、それが、天皇家の皇権回復の願望をたくみに吸い上げる形で、律令国家体制づくりという大義名分をかざしながら、その背後でひそかにすすめられた藤原氏独裁体制づくりの手段に転化さ

れたのではあるまいか、という疑惑を深めざるを得ない。

　上山春平によれば、元明朝のもとで実権を握っていた不比等によって「記紀」の仕上げの形は方向づけられたことになる。まして古事記編纂にあたった太安万侶などは、律令づくりの下毛野古麻呂、都城づくりの小野馬養、太政官における丹治比三宅麻呂などとならんで、律令体制づくりの大義名分のもとで組織された巨大チーム・ワークを担った律令官僚の一員であったにすぎない。

　日本書紀にも太安万侶のような人物がいたかもしれない。「もしかすると太安万侶自身が日本書紀編纂者の一員ではなかったか」と上山春平は想像をたくましくしている。

### ※黒作懸佩刀の伝来

　持統3年（689）4月13日条に「皇太子草壁皇子が死去した」とあるが、持統天皇は皇位継承者の草壁を失ったので、近い将来、草壁と正妃阿閇（元明天皇）の子軽皇子（文武）を即位させるため藤原不比等にその協力を求めたことが次のことからも明らかになっている。

　というのは756年（孝謙天皇天平勝宝8年）6月に光明皇后（聖武天皇の皇后。藤原不比等と橘美千代の娘）が東大寺に献納した遺品目録のなかから「黒作懸佩刀」についての説明書が見つかったからである。その黒作懸佩刀が草壁→不比等→文武（軽皇子）→不比等→聖武と伝来しているという。ちなみにこの年の5月2日聖武天皇が亡くなっている。

　藤原不比等は持統の要求を受ける条件として応神（昆支・倭王武）系の蘇我氏、石川氏・紀氏や、宗像徳善の娘の子高市皇子の地位を落とすために建国神イタケルのヒメ神とされている崇神（旨）の霊を、イタケルに代わる皇祖神アマテラスとすることを提案した。孫の軽皇子の即位を熱望した持統は、その不比等の提案を受け入れた。日本書紀持統天皇3年（689、己丑）8月2日の「百官神祇官に集いて天神地祇のことについて宣を承った」という記事はそのことを意味している。

## ❋ヒメ神＝アマテル→母神アマテラス

645年の乙巳のクーデターで蘇我王朝（馬子・蝦夷・入鹿）を倒した中大兄（天智）の百済継体系政権は、斉明天皇7年（661、辛酉）に本州・4国を領域とする「日本国」と九州の「倭国」は別の国としたが、持統と不比等は持統3年（689、己丑）6月、この2国を合わせて「日本国」とし三輪山の檜原神社に祭られていた崇神（旨）のヒメ神＝アマテルを「日本国」の皇祖神・日神・イタケルの母神とした。

日本書紀持統3年（689、己丑）8月2日条に記された「百官、神祇官に会集して天神地祇のことについて、宣を承った」という史実は、干支十三運（60年×十三運＝780年）繰り上げて崇神6年（紀元前92、癸丑）の記事「アマテラスをトヨスキイリビメに託して倭の笠縫邑に祭る」とされた。

そして翌年の日本書紀持統4年（690、庚寅）1月1日条の持統天皇の即位式について次のように書かれている。「物部（石上）麻呂朝臣が大盾を立てた。神祇伯の中臣大島朝臣が天神寿詞を読んだ。読み終えると、忌部宿禰色夫知が神爾の剣・鏡を皇后に奉り、皇后が天皇の位についた。公卿・百官が列をなしてあまねく礼拝し拍手をうった」

さらに日本書紀景行天皇20年（西暦90、庚寅）2月4日条の「五百野皇女を派遣してアマテラスを祭らせた」という記事は、持統天皇4年（690、庚寅）に三輪山の檜原神社に祭られていた日神・聖母神アマテラスを伊勢国の多気郡に造営した多気神宮（明和町）に移し、天皇の皇女を斎王として祭らせた史実を、干支十運繰り上げて記録している。

しかし持統天皇4年2月の記事は「5日天皇は披上堤に行幸された。17日吉野宮に行幸された」とあるのみで、天武の皇女斎王を伊勢国に派遣したという史実は隠されている。

しかしこの年持統天皇と不比等は崇神の霊を「日本国」の皇祖神アマテラスとすることによって旧の加羅系渡来集団（崇神系）と新の百済系渡来集団（応神＝昆支・倭武）を連続した同一国家とした上、応神系＝蘇我系大王家の史実を抹殺して、継体系大王家を日本太古以来の唯一の天皇家の

祖とする万世一系の物語を創ったのである。

　ちなみ日本書紀持統4年（690）条によれば、「4月広瀬大忌神と竜田風神を祭らせ、百済の男女21人が渡来。7月高市皇子と太政大臣とし、多治島真人を右大臣とし、8省・百寮を選任。10月高市皇子、藤原宮（新益京）の地を視察する。11月初めて元嘉歴・儀鳳暦を施行する」とある。

## 5　神々の交代はいかに行われたか

### ❖藤原不比等と中臣意美麻呂

　『続日本紀』文武天皇2年（698）8月19日条に次のように書かれている。「藤原朝臣（鎌足のこと）に賜わった姓は、その子の不比等に継承させる。ただし、意美麻呂（鎌足のいとこ中臣国足の子）は、氏族本来の神祇のことを掌っているから、藤原朝臣の姓から旧姓の中臣に戻すべきである」

　この記事は中臣氏が不比等の藤原氏と意美麻呂の中臣氏の2系統に分けられ、意美麻呂が律令制定（701年）後の神祇伯に相当する要職に任命されたことと、伊勢神宮の成立が近づき、その祭主に任命されたことを意味している。通説では鎌足の死の直前に天智が鎌足に藤原姓を与えたことになっている。というのは日本書紀天智天皇8年（669）10月10日条に次のように書かれているからである。

　　天皇（天智）は自ら内大臣鎌足の家に見舞いに訪れた。天皇は「何か必要なことがあればすぐ申しでよ」と言った。大臣鎌足はその申し出を丁寧に辞退した。10月15日天皇は東宮大皇弟（大海人皇子）を内大臣の家に派遣して大織冠と大臣の位を授けた。そして姓を与えて藤原氏とされた。それ以後、通称藤原内大臣といった。

### ❖文武天皇から元明天皇へ

　さて、『続日本紀』文武天皇慶雲4年（707）4月15日条には天皇文武が

次のような勅を伝えたと書かれている。

　　　汝藤原不比等の天皇に仕える有様は、天武・持統の代々から仕え、
　　今は朕の支えとなっている。また難波の大宮で天下を統治された孝
　　徳天皇は汝の父藤原大臣に仕えた様は武内宿禰と同じである。よって
　　食封5000戸を与えると申し述べた。しかし不比等は辞退して受けな
　　かったので、3000戸を減らして2000戸を与え、子孫に相続させた。

　この年の6月16日文武天皇が亡くなったので、慶雲4年（707）7月16
日元明天皇が即位する。しかし慶雲4年は6月からこの年12月末日まで
で、元明天皇和銅元年（708年）に入る。したがって707年は文武（軽皇
子）が元明に皇位を譲るという異例な年であった。であれば先の文武の不
比等への過剰な贈与の意味が解ける。

### ❖新神祇制度の施行

　即位にあたって元明は天皇の名によって次のように申し伝えた。『続日
本紀』慶雲4年（707）6月24日条を要約して次に引用する。

　　　持統天皇は草壁皇子の嫡子の文武（軽皇子）に皇位を譲った。こ
　　れは近江の大津宮で天下を治めた天智天皇が定めた「不改常典」（改
　　められることのない常の典）によるものである。したがって、わが子
　　である天皇（文武）は、私（元明）が皇位を継ぐべきであると言った。
　　私は任に堪えることができないと、辞退したが、今年6月15日受け
　　ることにした。

　さらに元明天皇は即位の翌年にあたる和銅元年（708）正月に次のよう
な詔を伝える。『続日本紀』元明天皇和銅元年正月13日条を引用する。

　　　現御神として天下を統治する天皇の詔として宣べられる言葉を、親

王・諸王・諸臣・百官の人たち・天下の公民は皆承れと申し述べる。

　高天原から降臨された天皇の時代から始まって、現在にいたるまで、いずれの天皇の時代も、天つ日嗣として高御座にいまして治められ、人民を慈しんでこられ、天下統治のつとめであると、神として思う、という言葉を皆承れ。


そして和銅元年 3 月 13 日に天皇元明の勅として次のように伝えた。


　従 4 位上の中臣朝臣意美麻呂を神祇伯に任じ、右大臣正 2 位の石上朝臣麻呂を左大臣に、大納言正 2 位の藤原朝臣不比等を右大臣にする。


## ❖建国神イタケルの正体

　和銅元年（708）のこの年、建国神イタケル＝応神（昆支、倭武）を樹木神・家屋神として、ヒメ神をその妹神する等々の新神祇制度が施行された。しかしこの史実は隠され、「従 4 位下柿本朝臣佐留（人麻呂）が死去する」（4 月 20 日）、「宮内卿・正 4 位下の犬上王を遣わして、幣帛を伊勢太神宮に奉納し、平城京造営の報告をした」（11 月 1 日）。「神祇官と遠江・但馬 2 国の国郡司、およびその国人である男女すべて 1854 人に、地位に応じて位を授け禄賜う」（11 月 27 日）等々の記事が散見する。

　肝心の隠された新神祇制度の記事は、『続日本紀』文武天皇大宝 2 年（702、壬寅）2 月 22 日条の「この日伊太祁曽・大屋都比売・都麻都比売（共にスサノオの子の三神。いずれも和歌山市内にある）をそれぞれの地に分け遷した」という記事に反映している。

　ところで、日本書紀のイタケル（五十猛）の「イ」は古代朝鮮語の「大」を意味するカが、カ→キ→イに転訛した語で、タケルは倭王武（昆支・応神）の「武」をタケルと訓読みしたもので、イタケルは「オオタケル（大武）」の意で、欽明の実名ワカタケルと対になっている。

　531 年の辛亥のクーデタ -以降は、建国神＝倭武（ヤマトタケル、昆支、

応神）は「イタケルノカミ」と呼ばれた。したがって本項では「建国の父倭武」は「建国神イタケル」として書くことにする。


◈伊太祁曽神社

現在、和歌山市内には伊太祁曽神社（和歌山市伊太祈曾）、大屋津比売神社（同市守田森）、抓津比売神社（都麻都姫神社、和歌山市平尾）がある。伊太祁曽神社の　主祭神は建国神イタケルで大屋津比売と抓津比売を配祀している。

社伝によると、伊太祁曽神社はもと日前神社と國懸神社の社地（和歌山市秋月）にあったとされているが、日前宮の社伝には鎮座が垂仁16年（紀元前14）と伝えられていることから、その頃伊太祁曽神社が現在の和歌山市伊太祈曽の社地（南海貴志川線伊太祈曽駅下車）に遷座したことになっている。

しかし伊太祁曽神社の社殿が完成したのは元明天皇和銅6年（713）であるという。日前・國懸神社が鎮座したという垂仁16年（紀元前14）の干支は丁未年であるから、新神祇制度が内定された慶雲4年（707年の丁未年）に、日前・國懸神社の祭神が決められ、翌年の元明天皇和銅元年（708年の戊申年）に発表された史実が干支十二運（720年）繰り上げて伝えられている。


◈日前神と國懸神

日前・國懸神社には同じ境内に日前神と國懸神が祭られているが、日前神のほうが重視されている。日前神宮は日像鏡を神体としている。日前神については日本書紀神代上第7段第1異伝に次のように書かれている。

　　アマテラス（天照大神）の姿を象どり作って招き、引き寄せましょうと言って石凝姥を以て冶工して、天具山の金を採りて、日矛を作らせた。また真名鹿の皮を丸剥ぎにして天羽鞴を作らせ、これを用いてお造り申し上げた神が紀伊国にも鎮まります日前神なり。

神名の日前の「クマ」は日本書紀神代上第6段第3異伝に出雲の熊野大神の別名としてクマノノオシクマ（熊野忍隈）の「クマ」（熊・前・隈）の同義で神の意とみられるので、「日の神」「日神」と解することができる。したがって日前神はアマテラスと同体の神とみてよい。

### ※國懸神＝建国神イタケルの左遷と復活

日前神宮は日像鏡を神体としているのに対して、國懸神宮は日矛鏡を神体としている。

しかし神代上第7段第1異伝を注意してみると、「日像鏡」には「作り奉る」とあり「日矛鏡」には「作る」というふうに敬語が使用されていない。これは日前神とは異なった書き方である。

石渡信一郎によれば、神名のクニカカスでは「構築する」の意の「懸（か）き」に、尊敬の助動詞スがついた語で、「国をお作りになる」を意味する。そして「日矛」は男性神の日神・太陽神の姿を象徴している。であれば日本書紀が敬語を使用しない男性の建国神＝日神である國懸神は建国神イタケルとみることができる。

辛亥のクーデタ（531年）以降のワカタケル大王＝欽明時代は、紀朝臣が秋月の地に紀伊国の国魂神として崇神の霊＝ヒメ神と建国神イタケルを一緒に祭っていた。しかし、律令政府が施行した708年の新神祇制度によって、建国神イタケルを樹木神・家屋神オオヤビコ（大屋毘古神）として、ヒメ神をその妹オオヤツヒメ（大屋津比売）・ツマツヒメ（抓津比売）とし、秋月の地から現在の伊太祁曽に分祀した。

その代りに元伊太祁曽神社の東社殿に建国神イタケルの後身の國懸神を祭り西社殿にヒメ神の後身として皇祖神アマテラス＝日前神を祭ったのである。

元明天皇和銅5年（712）太安万侶による古事記が公表された。昆支・応神系の氏族紀朝臣から不評をかった元明＋不比等律令政府は、建国神イタケルを樹木神イタケルとして伊太祁曽の地に復活させた。伊太祁曽神

社が和銅6年（713）に鎮座したというのはそのためである。

　このように欽明天皇（在位531-571）の537年に建国神イタケルとされた応神（昆支倭武）の霊は、持統時代（687-697）に日神・皇祖神アマテラスの子とされた。しかし708年の新神祇制度までは建国神イタケルはアマテラスに次ぐ地位の神であった。

　ところが新神祇制度が施行されてからの国神イタケルは、國懸神のような少数の霊を除きスサノオとその子孫神にされてしまったのである。537年に建国神イタケルとされたというのは次のようなことからも立証できる。アマテラスが伊勢の渡会宮に祭られた年を日本書紀垂仁天皇25年（丙寅）3月10日条の分注に「ヤマトヒメ（倭姫尊）アマテラスを磯城の厳橿（いつかし）に鎮座させた。その分注に「その後、神の教えに従って丁巳年（ていしのとし）10月甲子の日に伊勢国の渡会宮に遷した」と明記されている。

　なぜならば欽明天皇537年（丁巳年。日本書紀宣化天皇2年）に建国神応神（昆支＝倭武）の霊イタケルが三輪山はじめ、各地に祭られていた加羅系（崇神王朝）の崇神の霊と交代し、崇神の霊はイタケルの妻神＝ヒメ神とされたからである。

　この時、三輪山の神崇神の霊はアマテルがイタケルの妻とされ、三輪山の麓の檜原神社に祭られた。先の分注記事はこの建国神交代の年を干支九運（540年）繰り上げて紀元前4年（丁巳年）として記録した。実は537年（丁巳年）の翌年が仏教公伝（受容）の年であったからである。

　日本書紀は辛亥のクーデター（531年）で欽明＝ワカタケル大王に殺害された安閑・宣化を即位したことにして宣化天皇2年（531）としているが、531年（辛亥）はワカタケル大王＝欽明が安閑・宣化を殺害した辛亥の年にあたる。

　日本書紀宣化天皇2年（537、丁巳。実際は欽明天皇7年）2月1日条には「大伴金村を大連とし、物部アラカイを大連とすることではいずれも前の通りである。また蘇我稲目宿禰を大臣（おおおみ）とし、阿倍大麻呂臣を大夫（まえつきみ）とした」とある。

　大臣蘇我稲目は欽明天皇の分身（虚像）であるから、この記事は欽明が

父昆支＝倭武が日本書紀雄略天皇 21 年（477、丁巳年）に百済を復興させた史実を記念して干支一運（60 年）後の欽明 7 年（537、丁巳）に父の霊を建国神イタケル（昆支＝倭王武）として三輪山の麓に祭ったことを暗示している。欽明が百済を復興させたことについては日本書紀雄略天皇 21 年（477、丁巳年）3 月に次のように書かれている。

　　天皇は百済が高麗に敗れたと聞いて、久麻那利を文周王に与え、その国を復興した。時の人はみな、「百済国は諸属がすでに倉下に屯して憂いたが、実に天皇の力で再びその国を造った」と言った〔文周王は蓋鹵王の母の弟である。日本旧記に「久麻那利は末多王に与えられた」という。久麻那利は任那国の下哆呼利県の別村である〕。

　引用冒頭の天皇は倭国に渡来して王となった昆支王のことで、文中の文周王（在位 475-477）は第 22 代の百済王であり、末多王は第 24 代の東城王（在位 479-501）のことである。第 21 代の蓋鹵王（在位 445-475）は百済第 22 代毗有王（在位 427）の長子昆支王の兄であるが、高句麗長寿王の侵略によって 475 年殺害され、母方の叔父文周王がそのあと継ぐ。
　日本書紀雄略天皇 21 年（477、丁巳年）3 月の記事は、若干の虚構が含まれているが当時の史実を見事に反映している。『三国史記』によると内臣佐平（ナンバー 2）の武周王の弟昆支は 477 年 3 月に内臣佐平（ナンバー 2）任命されたが、7 月に死去した。しかし『三国史記』のこの記事は虚構であり、昆支は母方の叔父文周王の甥であることが明らかにされている。昆支王は 461 年（雄略天皇 5 年）倭王済に婿入りして、倭王興を継いで倭王武（＝応神）して誉田陵（応神陵）に埋葬された（拙著『蘇我王朝の正体』参照）。

# 終　章　アマテラスと八幡神

## 1　藤原不比等と「不改常典」

### ◈隠された仏教王蘇我馬子

　現法隆寺の再建は天武時代に始まった。しかし藤原不比等が日本書紀に仏教王蘇我馬子の斑鳩寺（いかるがでら）の創建と天武による法隆寺再建のことを書かせなかったのは、天武時代の聖徳＝大王馬子信仰を否定するためであったが、そもそも天武の母が馬子の娘法提郎媛（ほてのいらつめ）であったことにもよる。

　不比等は大王馬子を用明天皇・大臣蘇我馬子・厩戸皇子（うまやと）の３人に書き分けることによって、蘇我大王家の祖である建国神イタケルをオオモノヌシとし、皇位継承争いの相手蘇我大王家の後身石川家の地位と権威を決定的に落とそうとした。そして石川家の地位を落とすために、即位することのなかった用明→崇峻→推古→舒明→皇極を即位したことにして、大王アメノタリシヒコを聖徳太子、大臣馬子、用明天皇の３者に書き分けた。

　つまり不比等は古事記成立前に仏教王馬子を否定するために推古天皇→用明天皇→聖徳太子→山背大兄の系譜を創作した。不比等は古事記では上宮之厩戸豊聡耳という名前しか記録していないが、720年に成立した日本書紀では超人的人物として聖徳太子＝厩戸皇子を創りあげた。

　しかし日本書紀は厩戸皇子とは書いても「聖徳太子」とは書かなかった。これはアメノタリシヒコ＝仏教王馬子が聖徳太子と呼ばれた史実を意識的に隠すためである。日本書紀に聖徳太子が登場しないことから、「聖徳太子はいなかったが、厩戸王は実在した」という説があるが、それは晩年の倭王武＝昆支晩年の子欽明（ワカタケル大王）による531年の辛亥のクーデターが隠されたことに気が付かなかったことから生まれた誤った説

である。

## ❖ 「不改常典」と藤原不比等

　藤原不比等が蘇我大王家に対して執拗な敵愾心をもつのは、蘇我馬子・物部守屋の仏教戦争で守屋側に立った継体系の押坂彦人大兄（敏達天皇の子）と旧加羅系を出自とする中臣氏の祖の1人中臣勝海連が、馬子の舎人迹見赤檮に殺害されたからである。不比等の父中臣鎌足が645年の乙巳のクーデターの首謀者となって中大兄（天智）に与して百済系の蘇我大王家を滅ぼしたのは祖先の恨みを晴らすためでもあった。

　乙巳のクーデターで蘇我王朝（馬子・蝦夷・入鹿3代）は滅びたが、鎌足・中大兄に味方した蘇我山田石川麻呂（父倉摩呂は蝦夷の弟）と弟赤兄の娘たちは孝徳・天智・天武の妻となっている。事実、遠智媛（蘇我倉山田石川麻呂の娘。またの名を造媛、美濃津子娘）は乙巳のクーデター以前に中大兄皇子に嫁いだ。

　妹の姪娘も、同じく中大兄皇子に嫁いで御名部皇女と阿陪皇女（後の元明天皇）の2女を生んでいる。同じ天智天皇に嫁いだ蘇我赤兄の娘常陸媛と天武天皇に嫁いだ大蕤媛とはいとこにあたる。つまり蘇我倉山田石川麻呂の後裔石川氏（石川家）は敏達天皇家外戚の地位にあり、后妃の供給源として新興の不比等の優位に立っていた。


## ❖ 「不改常典」と藤原不比等

　さて、藤原不比等が紀記（日本書紀と古事記）の物語によってスサノオを高天原から追放したのは、不比等が蘇我大王家分家の後身である石川氏と、応神＝昆支（倭武）系氏族の紀氏の地位を落とし、不比等の外孫（他家に嫁した娘や分家した息子にできた子）にあたる首皇子（聖武天皇）を即位させるためであり、また、天武の孫の長屋王（684?−729）の権威を落とすためでもあった。

　長屋王の父は天武の子の高市皇子、母は天智の子御名部皇女である。高市皇子は天武の長子で母は胸形君徳善の娘である。胸形君はオホクニヌシ

を祖とする氏族、すなわち応神＝昆支（倭武）系氏族であるからだ。

　藤原氏の権力強化を目的とする不比等にとって、長屋王は強烈なライバルであった。不比等は自分の娘を長屋王に嫁がせていたが、長屋王は右大臣不比等が死んだ1年後の721年に右大臣になっている。大王馬子（用明）の血を引く天武に対して複雑な感情をもっていた不比等が、藤原鎌足という協力者をえて蘇我大王家を滅ぼした天智に親近感と尊敬の念をもつのは当然である。

　中大兄（天智）の子であったという不比等皇胤説（先述）さえある不比等は、元明天皇（在位708-714。草壁皇子の正妃であり、文武天皇と元正天皇の母）の即位を正当化するために「天智の定めた不改常典」、すなわち「改めるまじき常の典と定め賜ひた法」を創作し元明の即位の勅に挿入した。

　文武天皇を失って即位した女性天皇元明にとって、孫の首はまだ8歳の幼い皇子であった。当時、天武の子高市皇子を父、天智の娘御名部皇女を母とし、文武の妹吉備内親王（元明の娘）を正妻とする長屋王の即位も予想されていた。中継ぎの女性天皇にとって「不改常典」は首皇子（聖武）即位のための必須の文言であった。

## 2　太安万侶と藤原武智麻呂

### ※不比等の長男武智麻呂

　720年（養老4年）8月3日に不比等が死去し、翌721年1月に長屋王が従2位右大臣になった。721年12月に元明天皇が亡くなり、724年2月には父が草壁、母が元明にして文武の姉氷高皇女こと元正天皇（在位715-724）が譲位して首皇子が即位した。この2月に長屋王は左大臣に任命されたが、律令国家の実権は721年に中納言になっていた不比等の長男武智麻呂が握っていた。

　武智麻呂と房前（武智麻呂の弟）は聖武天皇の夫人で異母妹光明子（安

宿媛、父は不比等、母は県犬養橘三千代）を皇后にしようと画策し、729年（天平元年）2月12日、謀叛の罪で長屋王と妻子を自害させた。武智麻呂はこの事件直後の3月に大納言に昇進し、光明子は8月に臣下の出身でありながら皇后になった。

これより21年前の708年武智麻呂は父不比等に協力して新神祇制度施行を成功させた。ちなみに『武智麻呂伝』には715年に武智麻呂の夢の中に気比神が現れ、「吾、宿業によりて、神になること固より久し。今、仏道に帰依し、福業を修業せむと欲するも、因縁をえず」といい、寺を建てるように訴えたので、神のために気比神宮（福井県敦賀市）を建立したとある。

気比神は応神＝昆支（倭武）の霊イタケルの後身である。建国神イタケルを廃し、イタケルを単なる樹木神とした不比等の子武智麻呂に対して、気比神が先のように訴えたという話は、気比神が応神＝昆支（倭武）の霊であることを武智麻呂はよく知っていたにちがいない。

上山春平は日本書紀編集の総裁舎人親王（天武の子）と太安万侶の背後に藤原不比等を想定している。太安万侶は和銅4年（711）の4月7日付で正5位下から正5位上に昇進している。当時（和銅元年708年）、不比等の長男藤原武智麻呂（中務大輔。正4位相当）が国史編纂の職にあったので、太安万侶は藤原武智麻呂の下で太安万侶は国史編集の実務を担当していたと推定できる。奈良市此瀬町の急斜面の茶畑の中腹にある太安万侶の墓が天智天皇の孫光仁天皇領のごく近くにあることも、太安万侶が不比等の長子武智麻呂の保護下にあったことを物語っている。

また小野妹子の孫の小野毛野（?−717）は慶雲2年（705）に中務卿に任命され、和銅元年（708）3月に中納言になっている。したがって太安万侶と藤原武智麻呂が古事記制作に関係していたと推定される和銅4年（711）から5年にかけて、小野毛野が国史を監修する中務卿の地位にあったことは確かである。

ちなみに小野毛野は持統天皇9年（695）遣新羅使（大弐は伊吉博徳）に任じられて渡航するが、この時の冠位は直広肆である。帰国後は文武天皇

4年（700）筑紫大弐に任じられる。さらに小野毛野は大宝令による新制度の発足直後の大宝2年（702）5月、大宝令の編纂に当って不比等に協力した粟田真人や下毛野古麻呂らとともに、朝政への参議を命じられている。

こうした一連の関係のなかで小野毛野が不比等腹心の1人であった可能性が高い。1997年（平成9）4月11日奈良県天理市和邇で、慶雲4年（707）に小野毛野が文武天皇の病気治癒を祈念して建立されたとされる願興寺の跡が発見された。

僧延慶による760年（天平宝字4）の『藤原武智麻呂伝』によれば、武智麻呂が息吹山に登ろうとすると、付き添いの者が「ヤマトタケルが息吹山の神の祟りで死んだので、止めるように」と諫めたが、武智麻呂は「自分は常日頃神々を敬っているから心配することはない」といい、頂上まで登って無事に下山したので、その勇気を称賛されたとある。伊吹山は滋賀県米原市と岐阜県の県境（関ケ原）の1377mの巨峰である。

ヤマトタケルも応神＝昆支の分身とみられるので、武智麻呂が応神＝昆支（倭武）に対抗意識をもっていたことがわかる。気比神やヤマトタケルの本体を知っていた武智麻呂は、当然、厩戸皇子が聖徳＝仏教王馬子であることを知っていた。


## 3　国家鎮護の金光明最勝王経


### ❖「変成男子」の教説

藤原不比等の後妻となって安宿媛を生んだ橘三千代こと県犬養三千代の出自もはっきりしていない。壬申の乱では県犬養連大伴が持統・草壁皇子らと一緒に大海人皇子（天武天皇）に付きしたがって吉野に下る20人のなかに入っている。

安宿媛の「光明子」という名が金光明最勝王経第五滅業障品の第三会の説法に登場する福宝光明女から採られていることはあまり知られていない。「世尊（仏）から福宝光明子女は未来において仏になり、世に尊敬される

者という名の世尊にいたる十の呼び名を受けるだろうと予言された」と金光明最勝王経に書かれている。

　金光明最勝王経の特有の「悔過（けか）の修法」は懺悔（ざんげ）の思想である。悔過とは仏前で犯した罪を告白し懺悔することであり、個人や国家の災いを除去するために本尊に願うことである。

　聖武天皇は金光明最勝王経の「滅業障品」を引用し「この経を流布させる王があれば、我ら四天王は常にやってきて擁護し、一切の災いや障害はみな消滅させるし、憂愁や疾病（しっぺい）もまた除去し癒すだろう」と、金光明最勝王経を国家鎮護の宗教として受け入れる決意をしている。

　聖武天皇は全国に七重塔１基と『妙法蓮華経』をそれぞれ一揃い写経させることを命じ、国ごとに国分尼寺と僧寺を立て、僧寺を金光明四天王護国之寺、尼寺を法華滅罪之寺と呼ぶことにした。ところで金光明最勝王経の「滅業障品」で「女人変じて男となり勇健聡明にして知恵多く常に菩薩の道を行じ六道を勤修して彼岸に至る」と説かれている。

　この教説は金光明最勝王経の本質を理解する上で重要だ。女人の形では成仏できないから１度、男子に生まれ変わり、その後にはじめて成仏できるということを説いているからである。この教説を「変成男子」（へんじょうなんし）という。

　「変成男子」の教説は法華経第12章提婆達多品（だいばだったほん）の悪人成仏と女人成仏の話の中にも出てくる。「サーガラ竜王の娘竜女は、私は望みのまま悟りを開いた。如来は私の証人ですと言った。その時長老の舎利仏が次のように言った。あなたが仏の知恵を得たとしても、私は信じることができない。何故なら、女身は垢穢（くえ）にして法器にあらず」と。

　「法器」とは仏の教えを受けるにたる器量をもつ人をさしている。舎利仏は「女人がどうして無上の菩提を得ることなどできようか。限りない時を費やして修行努力しても、この上ない善行を積んでも仏の境界に達することなどできない」と答える。

　舎利仏の説明によると、その理由は、女人の身には５つの障りがある。第１に梵天になることができない。第２に帝釈天になることはできない。第３に魔王になることができない。第４に転輪聖王（てんりんじょうおう）の地位につくことは

できない。そして第5には仏身になることは到底できないからだという。


### ◈法華寺の十一面観音

　国分寺が金光明四天王護国之寺と法華滅罪之寺のセットで全国に造られようとしたのは、聖武天皇と光明皇后（藤原不比等と橘三千代の娘）の強烈な宗教的願望によるものであった。『続日本紀』によれば光明皇后（701-760）が亡くなった時、全国の国分尼寺に阿弥陀丈6像1躯と脇侍2躯を造らせると同時に法華寺に阿弥陀浄土院を新築している。

　哲学者として知られる和辻哲郎（1889-1960）は、『古寺巡礼』（1919）で、法華寺を建てる際、光明皇后の面影を伝える観音が必要であり、現在の法華寺の十一面観音は其の時皇后をモデルに造られた原像があり、その原像をもとに造られたものではないかと推測している。

　法華寺の十一面観音像は肉感的なエロティシズム漂う男でもない女でもない曖昧性を残している。五障の故に悟りを開くことができない女性が、法華経を会得することによって成仏できると法華経が説くのであれば、男子（基王）を生んだがすぐ失い、後継者を生むことができずに苦しむ光明皇后が国家鎮護のために変成男子を願望しないわけがない。『金光明最勝王経』はそれを受持し拝めば、国王が胎内にいる時からその未来を守るという国王と国家経営の宗教である。

　皇位継承がすこぶる不安定な時期、この東アジアの五胡十六国時代に生まれた王権神授説はまさに聖武と光明皇后にとって救いの仏教であった。光明皇后の苦悩の根源には皇位継承の問題があり、玄昉が唐から持ち帰った金光明最勝王経の教説は聖武・光明皇后、そして皇太子にして娘の阿倍内親王（のちの孝謙天皇）に決定的な影響を与えることになる。すなわち聖武天皇と光明皇后のトラウマは1人娘の阿倍内皇女こと孝謙天皇に引き継がれ道鏡の八幡神託事件に発展することになる。

# 4　アマテラスの守護神となる八幡神

## ❖東大寺建立を決意する聖武天皇

　聖武天皇の1世1代の念願は毘盧舎那仏（大仏）を造立して国家鎮護と天皇家の安泰を祈願することであった。当初、聖武天皇は近江国甲賀郡紫香楽宮近くに造立工事を始めたが、僧良弁のすすめで若草山の麓の良弁の金鐘寺の寺地に大仏と東大寺建立を決意し、平城京に戻った。

　皇太子の阿倍内親王（孝謙天皇）が聖武天皇の譲位を受けて即位した孝謙天皇天平勝宝元年（749）の年はさまざまなことが起こった。左大臣橘 諸兄が「陸奥国小田郡（現宮城県遠田郡涌谷町黄金迫）から黄金が出土した」と報告した。また陸奥守百済王敬福から黄金900両が献上された。さらに豊後国司の陽候史真の子4人がそれぞれ銭1000貫寄進した。

　陸奥国からの金の進上に気をよくした朝廷は3年の調・庸を免除し、金の発掘に貢献した陸奥国介、大掾・正位上の余足人、金を獲た丈部大麻呂、小田郡の丸子連宮麻呂、金の出た山の神主日下部深淵（黄金山神社）らに叙位した。さらに大安寺・薬師寺・元興寺・興福寺・東大寺の5寺と法隆寺・弘福寺（川原寺）・四天王寺の3寺、ほかに崇福寺・香山薬師寺・建興寺（蘇我蝦夷が建立した寺）・法華寺などにそれぞれの規模にしたがって 絁 ・真綿・稲・墾田を喜捨した。

## ❖八幡神、東大寺の守護神となる

　聖武天皇は天平勝宝元年（749）7月2日、皇太子（阿倍内親王）に皇位を譲る。翌月の8月10日大納言正3位の藤原仲麻呂（武智麻呂の次男）は紫微中台の長官に任じられた。紫微中台とは、もともと皇后宮職・皇太后宮職はそれまではたんなる家政機関にすぎなかったが、光明皇太后の命令（令旨）・兵権発動を行う組織をもつようになった。

　聖武の東大寺大仏の建立の発願は、9年前の天平12年（740）難波宮行幸の折に知識寺の盧舎那仏を見た感動が契機になっている。この寺は現在

の柏原市大平寺に寺跡が残っている。この年の10月14日太上天皇聖武は石川のほとりに行幸して、志紀・大県・安宿の3郡の人民の百歳以下、小児以上に年齢に応じて真綿を授け、また3郡の人民が出挙で負っている正税の本稲と利稲の税を免除する。

11月1日八幡大神（宇佐八幡）の禰宜・外従5位下の大神社女、主神司の従8位の大神田麻呂の2人に氏姓を賜った。11月19日八幡大神は託宣して京に向かう。参議の石川朝臣年足と藤原朝臣魚名（藤原不比等の孫、房前の子）を迎神使とし、八幡大神が通過する国での殺生を禁じた。

12月18日官人10人と散位20人、6衛府の舎人それぞれ20人を派遣して八幡神を平群郡（現生駒市、生駒郡一帯）に迎えた。この日八幡神は京に入ると天皇（孝謙）・太上天皇（聖武）・皇太后（光明子）も同じく行幸する。

12月27日八幡大神の禰宜尼・大神朝臣杜女は天皇と同じ紫色の輿に乗って東大寺に参拝する。この日孝謙天皇・太上（聖武）・皇太后（光明子）に続き、百官およびすべてが東大寺に集まった。僧5000人を講じ、大唐楽・渤海楽・呉舞と五節の田舞・久米舞を上演させ八幡大神に1品、比咩神に2品を賜った。

百済系倭国王朝の始祖王昆支は、ワカタケル大王＝欽明の辛亥のクーデター後「人にして神、神にして人」の建国の神として「大東加羅＝カスカラの神」と呼ばれていたが、のちに「ヤハタの神」となった。しかし中大兄皇子と藤原鎌足らによる乙巳の変（大化の改新）で、三輪山のオオモノヌシは皇祖神＝日神の地位を失った。宇佐に祀られていた八幡神も新しい皇祖神アマテラスの守護神として復活した。

聖武天皇が建立した東大寺盧舎那仏舎は密教の大日如来だが、大日如来はアマテラスに変身した。こうしてヤハタの神＝八幡神は盧舎那仏＝アマテラスの守護神となった。大化の改新からちょうど100年経った天平17年（745）に天武系天皇の聖武によって金堂本尊の盧舎那仏の製作が開始（752年に完成）され、聖武がその5年前に河内国大県の知識寺で盧舎那仏を見たのがきっかけであった。

## ※百済系倭王朝の始祖王応神＝八幡神

　応神を始祖王とする信仰は日本書紀と古事記の成立以前からあった。『東大寺要録』の太政官符（太政官から管轄下の官庁に下す公文書）に見える、弘仁6年（815）の八幡大菩薩宮神主の大神清麻呂の解状（太政官などに差し出す公文書）には「件の大菩薩は是れ亦、太上天皇の御霊なり」と記されている。

　貞観元年（859）には宇佐八幡宮が山城国の石清水男山に勧請され、翌年石清水八幡宮が創建された。平安時代に編集された官選の国史である『日本三代実録』は石清水八幡宮の祭神である八幡神について、貞観11年（869）12月29日条で「石清水ノ皇大神」・「皇大神ハ我朝ノ大祖」と書き、同11年（870）2月15日条でも「大菩薩ハ我朝ノ顕祖」と書いている。

　応神の霊である八幡神を「我朝ノ大祖」とか「我朝ノ顕祖」などと呼んでいるのは、応神をヤマト国家の始祖とみる考えが当時の支配層にあったことを示している。数ある天皇の中から応神だけが選ばれて八幡神となり、アマテラスと並んで「皇大神」と呼ばれるようになったのは、日本書紀と古事記の成立以前に応神の霊が始祖神として各地に祭られていて、八幡神もその始祖神の1つであったからである。

　「欽明紀」16年（555）2月条によると、百済の王子余昌に対して日本の蘇我卿が建国神を祭るように忠告しているから、倭国日本でも建国神・始祖神は始祖王応神の霊として祖廟のほか各地に祭られていた。八幡神はこのような始祖神として宇佐の地に祭られていた始祖王応神の霊である。

　八幡神が9世紀になるまで中央に認められなかったのは、日本書紀と古事記編纂時の8世紀に新しい始祖王としての神武と新しい始祖神としてのアマテラスが作りだされ、八幡神が始祖神であることが排除・否定されたからである。日本書紀と古事記は始祖王・始祖神としての応神を否定したが、実際の始祖神である八幡神に対する信仰まで消滅させることができなかった。

### ❖敦実親王の子源雅信

　しかし源氏3代（源頼信・頼義・義家）の祖頼信が誉田陵（応神陵）に納めた「告文」に「大菩薩の聖体（応神天皇）は源氏の22世の氏祖であり、源氏の祖陽成天皇は権現（応神天皇）の18代孫なり」と記した。このことから八幡宮の研究で大なる業績を上げた宮地直一博士（1886－1949）は、「源氏が八幡宮を氏神としたのは清和源氏が盛んになる以前のことで、最初は諸源（所天皇から臣籍降下した源氏）の氏神であったのを清和源氏が独り独占するようになった」と指摘している。

　宮地博士が指摘する諸源とは桓武天皇を祖とする嵯峨・仁明・文徳・清和・陽成・後孝・宇多から後醍醐・正親町天皇にいたるまでの21流の源氏をさしている。宮地博士によれば石清水八幡宮は宇佐からの遷座いらい天皇家の祖神として無上の崇敬をうけ、それが皇子・皇族の中に多くの崇拝者を生んだ。そのもっとも特徴的な事例として博士は宇多天皇（在位887－897）の皇子敦実親王を取り上げている。

　琵琶の名手であった敦実親王の子源雅信（円融・花山・一条天皇の左大臣）は「音楽堪能、一代名匠也」と言われるほどの達人で「源家根本朗詠7首」などを定め、朗詠の祖と呼ばれるようになった。『大鏡』によれば雅信は「南無八幡大菩薩　南無金峰山金剛蔵王　南無大般若波羅蜜多心経」という念誦を毎日百回行うことを日課にした。

　雅信の最大の望みは娘倫子を天皇の后にすることにあった。しかし倫子の生母で妻の藤原穆子（三十六歌仙藤原朝忠の娘、祖父右大臣藤原定方）は、一条天皇や皇太子の三条天皇（円融天皇の子）よりも藤原道長を強力に勧めた。

　源雅信の娘倫子と道長の間に生まれた長女藤原彰子（988－1074）は、一条天皇の皇后、後一条天皇・後朱雀天皇の生母となり、すなわち上東門院藤原彰子は女房に『源氏物語』の作者紫式部、歌人和泉式部などを従え、華麗な文芸サロンを形成したことはご承知の通りである。

### ※『平家物語』のアマテラスと八幡神

であれば、天皇になれなかった皇子たちの物語とも言える『源氏物語』の流れにある天皇の皇位継承の悲劇と悲哀を描いた『平家物語』「一門都落ち」（巻7）に次のように書かれているのは分かっていただけるはずである。

　　　山崎の関戸院に院（後白河法皇）が乗った御輿（みこし）を置いて、平大納時（とき）忠（ただ）は男山八幡宮を伏して「南無帰命（なんむきみょうちょうらい）朝来、八幡大菩薩、帝（みかど）をはじめ我々を都にお返し下さい」と祈られたのは悲しいことである。

　平家も源氏も同じように八幡大菩薩に祈願した。平家も源氏も桓武天皇を出自とすることでは同じなので当然といえる。木曽義仲は倶利伽羅峠（くりから）の平家との決戦を前に小矢部埴生（おやべはにゅう）の八幡宮に必勝の祈願をし、九郎判官義経は壇ノ浦で白旗が源氏の船の舳先（へさき）に舞い降りたのもみて八幡菩薩が現れたと歓喜した。源平合戦では八幡大菩薩は源氏に味方している。

　一方、アマテラスは『平家物語』には8回ほど登場し、伊勢大神宮を入れると10回ほどになる。巻11「先帝身投」では安徳天皇の祖母（清盛の妻、二位の尼）が8歳の安徳天皇を抱いて海に投身する。

　「尼ぜ、私をどちらへ連れて行こうとするのだ」と問う安徳に対して二位の尼は「まず東の方に向かって伊勢大神宮にお暇（いとま）を申され、その後西方浄土の仏菩薩方に向かって念仏をお唱えなさいませ。この国は粟散辺地（ぞくさんへんじ）（粟粒を散らしたような小国）といって悲しいいやな所です」と教え諭（さと）している。

　この際の伊勢大神宮は西方浄土（死後）に対する娑婆世界（しゃば）（生の世界）を意味しているのだろうか。この地を「粟散辺地」という二位の尼の言葉は仏教的世界観をシンボリックに言い表していて、伊勢大神宮がアマテラスの鎮座する伊勢神宮の内宮ことなのかどうか判断がつきかねる。

　東の伊勢大神宮に分かれを告げ、極楽浄土に行こうというのだから、アマテラス＝伊勢神宮は二位の尼と安徳天皇にとっても、平家にとっても救済の神とはなっていないことは確かである。宮地直一博士が石清水八幡

宮について、「最初は諸源（諸天皇から臣籍降下した源氏）の氏神であった
のを清和源氏が独り独占するようになった」と指摘したように、源平合戦
を語る『平家物語』においては、現実的祈願の対象としては応神＝八幡
神の方が頼りになっている。

　最後に伊勢神宮と正八幡大菩薩が一緒に登場する『平家物語』灌頂巻
「女院死去」の建礼門院（安徳天皇の母。父は平清盛、母は平時子）の祈り
の場面を紹介させていただき、アマテラスと八幡神の再考の一助とならん
ことを願って読者の皆様にお別れすることにする。


　　そのうち寂光院の鐘の音が響き、法皇は名残惜しく思ったが涙をこ
　らえて御所に帰った。女院は今更昔を思い出し、こらえきれずに流れ
　る涙のために袖で涙をせき止めることもできない。ずっと遠く法皇の
　行列が遠ざかるのを見送った後、ご本尊に向かって「先帝聖霊、一
　門亡魂、成等正覚、頓証菩提」と祈った。
　　昔、内裏で東に向かって「伊勢大神宮、正八幡大菩薩、天子宝算、
　千秋万歳」と祈っていたのに、今はうって変わって西に向い手を合わ
　せ、「過去聖霊、一仏浄土へ」と祈るのは悲しいことであった。

# おわりに

　新型コロナウイルスの感染症にともなう第1回緊急事態宣言（2020年4月7日〜5月6日）が解除された昨年の5月6日、私は出来上がったばかりの『天武天皇の正体──古人大兄＝大海人＝天武の真相』を新聞各社と友人・知人に贈呈した。

　この本の執筆の動機は日本書紀舒明天皇2年正月1日条に「宝皇女（皇極）は、2男1女を生んだ。1子は葛城皇子（天智）、2子は間人皇女、3子は大海皇子（天武）である。夫人蘇我島大臣（蘇我馬子）の娘女法堤郎媛と間に古人大兄を生んだ」と書かれているが、天武と古人大兄は同一人物であることを証明することにあり、かつまた舒明も皇極も即位しなかったことを明らかにすることにあった。

　本も店頭に並び、新聞広告は朝日新聞1面広告（6月23日）も無事完了して、あとはなりゆきにまかせるばかりだと安堵していた。ところが翌々日の6月25日早朝4時、いつものようにデスクに向かおうとしたとき、生まれてこの方経験したことのない悪寒に襲われ、意識を取り戻した時は最寄りの練馬病院のCTスキャンの寝台の上であった。

　その時は“コロナにやられた！”と思ったが、「複雑性尿路感染症」すなわち「前立腺肥大症」という病名で1週間後の7月2日9時ごろ退院することができた。入院中は病院のコロナ対策の影響もあり、家族との面会も禁止され、必要な書類や衣類も看護師がフロントで受け取ったものが私に渡された。

　次の記事は、入院中に繰り返して読んだ『天武天皇の正体』（えにし書房、2020年5月31日刊行）の〈追記〉からの引用である。

新型コロナの襲来によって世界の状況が一変している昨今です。スマートフォンで互いの情報交換がたやすくできるようになったとはいえ、辛うじて予定通り出版にこぎつけることができました。しかし、まさに突然のコロナ騒動に巻き込まれ、つい「あとがき」の準備をおろそかにしてしまいました。前著『日本古代史の正体』の「まえがき」を本書の「あとがき」として少々アレンジして皆様への挨拶とさせていただきます。

　令和元年（2019、干支は己亥）もすでに令和2年（2020、干支は庚子）5月10日になります。戦後70年余を経た状況のなかで憲法改正が問題とされるならば、皇室典範や象徴天皇制、天皇の起源や日本の歴史も改めて問われなければなりません。

　しかし日本及び日本人は「紀記」にもとづく根強い皇国史観から解放されていません。一方、世界はクロ─バル化による民族・国家・文化・政治・経済・宗教等々の矛盾・葛藤・軋轢・衝突が同時に多発し、難民・移民も世界中に拡散しています。また日本の人口は東京1極集中と地方減少化が進み、村や町は崩壊しつつあります。東京湾岸のハイタワー・マンションの乱立も新幹線から見ても決して眺めのよい風景ではありません。

　人間の感情から経済を考えた人は『国富論』で有名なアダム・スミス（1723-1790）です。アダム・スミスは、人間はペストや戦争による大量の死にかぎりない驚きや怒りや同情と哀悼の意を表しながら、それらの感情より、今自分のたった1本の小指の不可解な痛みに対する不安と怖れを最優先するという人間感情の不平等原理を明らかにし、『国富論』より先に『道徳感情論』という本を書きました。

　アダム・スミスより1600年も前に生まれた古代ローマの詩人ユウェナリス（西暦60-130年）は『風刺詩集』で権力者から無償で与えられるパン（食べ物）とサーカス（娯楽・競技）によって、ローマ市民が政治的盲目に置かれることを指摘した「パンと見世物」という愚民政策を揶揄し警告し、「健全なる精神は健全なる身体に宿る」と

いう箴言を遺しました。

　現在、世界は地球温暖化による風水害の頻発やいつ起こるかもしれない地震・原発に対する真剣な対応が迫られています。こんな中、新型コロナウイルスの襲来です。この感染病の厄介なことはテレビ・新聞で繰り返し報道され、命と身体と頭脳と健康の在り方が根源から問われています。

　来年7月開催予定の世界各国からのスポーツエリートが出場することを建前としている東京オリンピック・パラリンピックも新型コロナのパンデミック（世界的流行）により風前の灯です。政府による2回の緊急事態宣言中、新聞・テレビも国会議員や学者やジャーナリスや評論家もオリンピックの開催についてはタブーと忖度の態度です。しかしここ数日前から中止論がチラホラでるようになりました。5月末ごろまではおそらく中止発表がなされるかもしれません。

　中止ならばできるだけ早く日本政府は「中止宣言」を発表するべきであると、私は思います。と同時に福島原発の放射能排水処理に対する対策、自然破壊を無理強いに強行している沖縄辺野古基地建設の中止、イージス艦基地造成の中止等々を公表するならば政府と国民の信頼関係が回復することができると私は確信します。


　この〈追記〉を書いてから1年以上経ったが、コロナを含めて学校・家庭・会社および経済状況はむしろ悪化している。2021年1月19日の朝日新聞朝刊の「天声人語」の次のような記事を読んだ。いつもは該博な知識と批判による読みやすい「天声人語」だが、正月早々異様なトーンである。


　拍子抜けを通り越して、床にへたり込んだ。就任後初となる菅義偉首相の施政演説。期待こめて読んだのにヤマ場の来ない小説、あるいは途中で居眠りを誘われる映画のようだった。▼わずかに信念を吐露したのは、政治の師と仰ぐ故梶山静六・元官房長官の教えに触れた下り。初めて国政の場に出た当時、こう諭された。"国民の食い扶持を

つくっていくのがお前の仕事だと。(以下略)

　2021年1月19日(土)の朝日新聞朝刊の「菅首相の施政方針演説(全文)」は、①「新型コロナウイルス対策」　②「東日本大震災からの復興、災害対策」　③「わが国の長年の課題に答えを」　④「地方への人の流れをつくる」　⑤「少子化対策と社会保障の招来」　⑥「外交・安全保障」。⑦「おわりに」の構成からなる。どれもこれも安倍政権がやり残してきた課題である。そこで「天声人語」の件もあるので私はさしあたり菅首相による衆議院本会議の施政方針演説の「おわりに」に目を通した。


　　皇位の継承などに関する課題については、衆参両院の委員会で可決された付帯決議の趣旨を尊重し、対応してまいります。夏の東京オリンピック・パラリンピックは、人類が新型コロナウイルスに打ち勝った証として、また、東日本大震災からの復興を世界に発信する機会としたいと思います。
　　私は47歳で初めて衆議院議員に当選したとき、かねてよりご指導いただいていた当時の梶山静六内閣官房長官から、2つのことを言われ、以来、それを信条としてきました。
　　1つは、今後右肩上がりの高度成長時代と違って、少子高齢化と人口減少が進み、経済はデフレとなる。お前はそういう時代に政治家になった。その中で国民に負担をお願いする政策も必要になる。その必要性を国民に説明し、理解してもらわなければならない。
　　もう1つは、日本は、戦後の荒廃から国民の努力と政策でここまで経済発展を遂げてきた。しかし、資源の乏しい日本にとって、これからがまさに正念場となる。国民の食いぶちをつくっていくのがお前のしごとだ。
　　これらの言葉を胸に"国民のために働く内閣として全力を尽くして働く内閣"として全力を尽くしてまいります。

　これでは一国の首相の施政方針演説とよほどかけ離れた元官房長官梶山静六礼賛のオンパレードである。梶山静六と菅義偉と沖縄の関係と言えば、私が今から7年前の2016年9月に上梓した『沖縄！――ウチナンチューはいつから日本人になったか』の「終章　紺碧の海辺野古」について語らなければならない。

　というのは、2015年10月の新聞で「菅義偉官房長官（安倍内閣）が沖縄名護市の辺野古、豊原、久志の久辺（3区に助成金3900万円の追加援助をする」という記事を見て、むらむらと沸き立つ癇癪を抑えることができなかったことを思い起したからである。

　当時、私は『エミシはなぜ天皇に差別されたか』（2016年4月）の執筆に専念していたが、2011年3月11日の東日本大震災の福島原発事故以来、東北と関係のある話になると現政権にすっかり怒りっぽくなっていた。私にとって白河と勿来関以北の東北は古来、天皇・藤原氏・源氏による侵略・支配の歴史であったからだ。

　首相菅義偉の出身地は8世紀中頃大野東人が造った雄勝柵に近い秋田県雄勝郡秋ノ宮村（現湯沢市秋ノ宮）であるが、私の郷里は八幡太郎義家が攻めた沼柵の2km北にある平鹿郡福地村深井（現横手市雄物川町深井）である。大相撲の横綱照国、大関清国は雄勝郡の出身である。雄勝郡も平鹿郡も横手盆地を北流する雄物川上流の豪雪地帯に位置する。その点では菅首相に郷里仲間の親近感を持たないと言うならば嘘になる。そういえば梶山静六の郷里常陸太田は秋田に移封された佐竹氏居城があったところである。

　佐竹氏の始祖源義光は後三年の合戦では兄の八幡太郎義家とともに沼柵から金沢柵に籠った清原家衡・武衡を攻め滅ぼした。時の将軍源義家は朝廷から"私戦"と見なされ、恩賞が出ないと判断するや、切り取った家衡・武衡の首を道端に投げ捨てたと後後三年の役絵巻物語に描かれている。のち義光の孫の源昌義は常陸佐竹郷に居住し佐竹氏を名乗った。現秋田県知事佐竹敬久は佐竹北家21代当主である。

　菅義偉と梶山静六は佐竹藩を通して秋田と茨城は血脈関係のある県同士ということになる。その梶山静六は米軍普天間飛行場（沖縄宜野湾市）の

返還に米側と合意した第2次橋本龍太郎内閣（1996年11月7日〜1998年7月30日）の下で沖縄基地問題を担当した。ところが毎日新聞によれば梶山静六は本土（沖縄県外）の基地反対運動を理由に同県名護市への移設以外に有り得ないと記した直筆の書簡が残されていたことがわかった。書簡の内容は次の通りである。

　　シュワブ沖以外に候補地を求めることは必ず本土の反対勢力が組織的住民運動を起こす事が予想されます。比嘉前市長の決断で市として受け入れを表明し、岸本現市長が「受け入れ」のままの態度を凍結するとしている名護市基地を求めるよりはほかは無いと思います。

この書簡について毎日新聞は次のように解説している。

　　普天間返還と名護市辺野古のキャンプシュワブ沖への機能移設を巡っては97年12月、名護市の住民投票で反対多数となりながら、当時の比嘉鉄也名護市長が受け入れと辞任を表明し、翌98年2月に行われた市長選挙で比嘉氏の後継の岸本武男が当選。書簡はそれから間もなく書かれたものとみられる。
　　梶山氏は1996年1月から1998年9月まで官房長官を務め、退任後も防衛庁幹部とともに現地を訪れて要望を聞くなど沖縄問題に傾注した。書簡の宛先は橋本内閣の「密使」として革新系の大田昌秀沖縄県知事（当時）橋渡し役を担っていた元国土庁長官下河辺淳であった。

御存知のように安倍内閣の時から沖縄基地負担軽減担当大臣を兼務していた菅官房長官は普天間（宜野湾）飛行場の辺野古（名護市）移設推進に意欲的であった。『影の権力者内閣官房長官』の著者松田賢弥は、2013年（平成25）12月菅官房長官が自身に次のように語ったと書いている。

　　沖縄の問題は、アメリカとの、もしくは日米安保の分水嶺になる。

沖縄の仲井間知事は分かってくれると思う。名護・辺野古への移転問題は昨日今日、始まった話ではない。俺は、梶山さんの墓前に官房長官の就任挨拶に行った際（2013年1月）「私の時に名護は決着させます」と報告してきたんだ。

菅官房長官が松田賢弥に語った2013年12月（日付なし）だが、その12月下旬仲井間沖縄県知事は安倍首相と会談し、その2日後の12月27日辺野古埋め立て承認の発表をしている（沖縄県民は"仲井間知事裏切り事件"と呼ぶ）。

仲井間知事は12月下旬東京の病院に入院（仮病の噂あり）していたが、知事の入院中に菅官房長官は「安倍・仲井間会談」の段取りをしたと推察できる。菅官房長官が松田氏に辺野古移設の自負を語った日が仲井間知事の埋め立て承認発表の前か後かは確定できないが、菅官房長官は仲井間知事と密談したことはほぼ間違いない。

私の"癇癪"の端的な理由は、菅官房長官（政府）らが沖縄辺野古住民に対して行った助成金の追加は権力が沖縄辺野古の住民を金と力で分断・支配しようとした手法であったことだ。この手口は天皇家・藤原氏・源氏が古代から中世にかけて福島以北の東北地方に対して行った"夷も以って夷を征する"侵略・支配の方法に酷似している。

私が『エミシはなぜ天皇に差別されたか』『沖縄！』や『日本古代史の正体』『アマテラスの正体』『蘇我王朝の正体』、そして今度の『日本書紀と古事記』等々一連の古代史を連作したのも、「新旧2つの渡来集団によって建国された」という石渡信一郎の命題を確かなものするためであった。

石渡信一郎は『日本地名の語源』（1999年12月）で『おもろさうし』巻3の次の歌を紹介している。

　又　またあまみやからおきなは（アマミの世か今の沖縄まで）
　　　たけててはおもはな（岳とは思わず）
　又　またしねりやからみしま（シネリの世から御島の世まで）

もりてておもはな（森とはおもわず）

　石渡信一郎が『日本地名の語源』で指摘する新旧２つの渡来集団とは、４世紀半ば南朝鮮から渡来して倭国を建設した加羅系渡来集団と、５世紀後半に渡来して大和王朝を立てた百済系渡来集団である。氏によれば琉球諸島にも加羅系倭国時代と百済系倭国時代にそれぞれ集団が渡来している。加羅系渡来集団（崇神王朝）は、倭の５王の讃の２代前の崇神（ミマキイリヒコ、在位 342−379）の時代に北部九州の邪馬台国を滅ぼして瀬戸内海を東進して４世紀末に三輪山山麓の纏向に王都を築いた。

　一方、加羅系渡来集団の一部は宮崎県の南部や鹿児島大隅半島の全域に支配を広げ、さらに南西諸島に進出する。南西諸島には屋久・屋宜・屋古や宮古・喜屋武など大加羅や加羅の変化した地名が多くある。『おもろさうし』のアマミユキ（アマミヤ）が第 10 代天皇崇神の霊であるという石渡信一郎の説は面目躍如たるものである。

　しかし天皇の歴史を日本民族の起源とする「紀記」（日本書紀と古事記）の神話にもとづく日本人単一民族説は長期にわたり人類学・考古学・言語学・民俗学に影響を与えたが、古代沖縄の理解には大きな躓きの石となった。

　『隋書』倭国伝・琉求伝（以下、『琉求国伝』）条によれば、琉球（琉求）は「琉求」と記され、隋の皇帝煬帝は大業３年（607）に朱寛（軍人）を琉求国に派遣するが、朱寛は言葉が通じないので住民１人を捕虜として連れ帰った。煬帝は翌年（608）再度朱寛を派遣したが、琉求国は従わなかった。そのため朱寛はやむなく布甲（植物で作った甲）を持って帰国したとある。この話は隋帝国がすでに海を渡って琉球に使者を派遣したことを物語っている。

　地図でみる琉球列島はまるで５月初旬の西の空に見える三日月のように弓なりに島々続いている。日本海流とも呼ばれる黒潮は日本列島の南岸を南西から北東に流れる暖流である。海の色は青黒色で透明度が高いがプランクトンの棲息数は少ない。黒潮はフィリピン東方に源を発し、台湾と石

垣島の間から東シナ海に入って北東に流れ、屋久島と奄美大島の間のトカラ海峡を通過してふたたび日本海に入る。

　太平洋に入る黒潮は九州や四国辺りで日本列島に接近して流れ、紀伊半島沖から遠州灘にかけて岸沿いに直進する場合と、遠州灘沖に発生する冷水塊の縁辺部で大きく蛇行する場合が交互に発生する。遠州灘は御前崎から伊良湖岬にいたる海域である。伊良湖岬は知多半島と伊勢湾の方向にカニのハサミのように突き出している渥美半島先端に位置する。

　明治 30 年（1897）柳田国男（1875−1962）は大学 2 年生の夏休み、この伊良湖岬に 1 ヵ月ほど滞在して「あゆ」のことを考えた。「あゆ」とは人間が利用し恩恵を被る風のことだ。岬の突端の小山の裾を東に回って、東表の小松原の砂浜で柳田は椰子の実が流れ着いているのを見つけた。

　柳田国男は東京に帰って伊良湖岬の砂浜で見た椰子の実のことを島崎藤村（1872−1943）に伝えた。遥かなる波路を越えてきた真新しい椰子の実を藤村は次のような歌に創作した。作曲は大中寅二である。


　　名も知らぬ　遠き島より
　　流れ寄る　椰子の実 1 つ
　　故郷の岸を　離れて
　　汝はそも　波に幾月


　昭和 27 年（1952）5 月、柳田は九学会連合大会の特別公演で「海上生活」と題して次のような話をした。「日本人が何百という数の遠近の島々のうち、どれへ初めて上陸し、次々にどの方面へ移り広がって行ったものか、それは全然わからぬ。わかるはずがない答えすらも、どうやらまだできあがっていない」

　柳田が講演した九学会というのは、民俗学、社会学、考古学、言語学等々である。晩年の柳田は日本人の祖先が稲作文化とともに中国南部の華南地方から東シナ海に漕ぎ出し黒潮に乗って琉球列島を北上したという仮説を展開した。

柳田の仮説は稲作文化をもつ人々がバラバラに日本列島に漂着して集落を作り上げ、やがて大和政権が誕生したという稲作文化北上説、すなわち日本文化の基礎となる稲作が南西諸島を経由して伝来したという説である。しかし日本が第2次世界大戦で敗北（1945年）した当時、日本民族文化起源論が提唱され、その最初の提唱者が「古日本の文化層」という論文を書いた岡正雄（1898−1982。民族学者）であった。昭和23年（1948）5月、3日間岡正雄・石田英一郎・江上波夫・八幡一郎らによる「日本民族＝文化の源流と日本国家の形成」（雑誌「民族学研究」第13巻第3号）という座談会が開かれた。

　この座談会は「アマテラスを祖とし神武を初代天皇とする皇国史観」から解放されたばかりの民族学・歴史学・考古学にはかり知れない影響を与え、特に江上波夫の「騎馬民族による征服王朝説」は日本古代国家形世論に大きな問題を投げかけた。すると先の柳田国男の九学会の「稲作文化北上によって大和王朝が成立した」という講演は江上波夫の「騎馬民族征服王朝」に対抗してなされた講演であることが理解できる。

　柳田国男と同じように日琉（にちりゅう）同祖論に立つ学者で伊波普猷（いはふゆう）（1876−1947）がいる。日琉同祖論とは日本人と琉球（沖縄人）はその起源において民族的には同一であるという説だ。しかし伊波普猷は『孤島苦の琉球史』や『日本文化の南漸』で沖縄人の祖先を南九州に想定している。

　伊波普猷は琉球人の祖先神「アマミキヨ」（海にただよう島々に草や木を植えて琉球の国土を創生した神）を日本人の一派である海部（あまべ）とみなし、彼らが鹿児島から沖縄まで島伝いに南下してきたという。

　柳田国男は年齢が1歳下生まれの伊波普猷（沖縄学の父）の研究には表向きは協力的であったが、伊波普猷の南下説には批判的であった。ところが伊波普猷と友好的に交わったはずの1921年の沖縄旅行の帰途、柳田は大分県臼杵地方を訪ね歩き、その時の久留米中学の記念講演で自説の「稲作文化北上説」を説いた。

　中学生向きの話とはいえ、伊波はその講演の中身を知って大きなショックを受けた。なぜなら、柳田が沖縄滞在中に伊波普猷と何度も親しく話し

合っているにもかかわらず自説の「稲作文化北上説」のことは一言も漏らさなかったからである。

　石渡信一郎が1990年出版した『応神陵の被葬者はだれか』（『増補新版・百済から渡来した応神天皇』2001年）で公表した「新旧2つの渡来集団による日本古代国家建設」の説に従うならば、伊波普猷の「鹿児島から沖縄まで島伝いに南下してきた」という説は、柳田国男の「稲作北上、大和王朝説」に勝っていることは明らかである。

　菅首相の新年早々の施政方針演説に多少辛く当たったが、郷里を同じくする私としてはせめて沖縄辺野古の埋め立て中止宣言を演説の中に入れて欲しかった。沖縄県民はこぞって沖縄辺野古の埋め立てを「嫌だ！」と終始一貫言っている。「はい、わかった」（YES！）と答えるのが民主主義を共有する者の答えである。この施政演説は菅義偉が自ら化ける最大のチャンスであった。そこで私は朝日新聞（2021年1月19日付）に掲載された⑥「外交・安保保障」を改めて読み直した。適当に抜粋して次に引用する。

　　1　我が国は多国間主義重視し、国際社会が直面する課題に取り組む
　　　　『団結した世界』の実現を目指します。ポストコロナの国際秩序作
　　　　りに指導力を発揮します。

　　2　日米同盟は我が国外交・安全保障の基軸であり、インド太平洋地
　　　　域、国際社会の自由、平和、繁栄の基盤です。バイデン次期大統領
　　　　と早い時期にお会いし、日米の結束を更に強固にします。コロナ、
　　　　気候変動などの共通課題で緊密に協力してまいります。

　　3　同時に日米の抑止力を維持しつつ、沖縄の皆さんの心に寄り添い、
　　　　基地負担軽減に引き続き取り組みます。普天間飛行場の1日も早い

全面返還を目指し、辺野古沖への移設工事を進めます。

4　わが国土の領土、領海、領空、そして国民の命と平和な暮らしを
　守ることは、最も重い使命です。ミサイルの脅威に対応するため、
　イージス・システム搭載艦を整備するとともに、抑止力の強化につ
　いて、引き続き、政府内で検討を行います。

5　拉致問題については、私自ら先頭に立ち、米国を含む関係国と緊
　密に連携しつつ、全力を尽くします。金正恩委員長と条件を付けず
　に直接向き合う決意に変わりはなく、日朝平城宣言に基づき、拉致、
　核、ミサイルといった諸懸案を包括的に解決し、不幸な過去を清算
　して、国交正常化を目指します。

6　安定した日中関係は両国のみならず、地域、国際社会のためにも
　重要です。両国には様々な懸案がありますが、ハイレベルの機会も
　活用しつつ主張しつつ、主張すべきは主張し、具体的な行動を強く
　求めていきます。その上で共通の諸課題の解決に向けて連携してま
　いります。

7　韓国は重要な隣国です。現在、両国の関係は非常に厳しい状況に
　あります。健全な関係に戻すためにも、わが国の一貫した立場に基
　づき、韓国側に適切な対応を強く求めていきます。

　以上、施政方針演説⑥の「外交・安全保障」の課題であるが、安倍政権
から引き継いだ未解決の問題ばかりであり、北方領土問題は安倍・プーチ
ンの大袈裟な会談にかかわらずむしろ後退している。肝心の沖縄辺野古は
相変わらず辺野古埋立を強行するとしている。
　菅義偉首相の施政方針演説の①の「新型コロナウイルス対策」は、1月
25日から29日にかけて衆参予算委員会質疑応答（医療体制の崩壊、ワクチ

ン、オリンピック・パラリンピック・「桜の会」・河合夫妻買収事件・IR汚職事件等々）の場で菅首相は野党の立憲民主党や共産党からの厳しい質問に晒された。ちなみに国会中継のNHKテレビ番組によると野党の質問者は次の通りである。

　　衆議院予算委員会：〔1月25日午後〕小川淳也（立憲）・江田憲司（同）・長妻昭（同）・岡本あき子（同）・今井雅人（同）・後藤祐一（同）、〔1月26日午前〕辻元清美（立憲）・本田平直（同）・大西健介（同）・奥野総一郎（同）、笠井亮（共産党）、〔同日午後〕笠井亮（共産党）・宮本徹（同）、玉木雄一郎（国民）
　　参議院予算委員会：〔1月27日午前〕徳永エリ（立憲）・石橋通宏（同）・白真勲（同）・蓮舫（同）、〔同午後〕蓮舫（立憲）、〔1月28日午前〕伊藤孝恵（国民民主）、〔同日午後〕伊藤孝恵・小池晃（共産党）

　衆参与野党の質問が終了した翌々日の朝日新聞朝刊1面（2021年1月29日付）は、"初の電話協議""日米首脳「同盟を強化」""自由で開かれたインド太平洋」確認"の見出しで次のように報道している。その内容は次の通りである。

　　菅義偉首相は28日未明、バイデン大統領と電話協議を行い、日米同盟の強化に向け緊密に連携していくことで一致した。日本が提唱した外交方針「自由で開かれたインド太平洋」（FOIP）の実現や、日本が攻撃を受けた場合の米国の防衛義務など、安全保障上の協力事項を再確認した。
　　バイデン氏との電話会談は約30分間行われた。日米両政府の説明によると、バイデン氏は首相に対し、米国が「核の傘」を含む拡大抑止を日本に提供する意向を改めて表明。同氏は、米国の日本防衛義務について定めた日米安保条約5条の沖縄・尖閣諸島への適用は日米豪印4ヵ国強力の枠組みへの日本の貢献にも言及した。

また、インド太平洋地域での米国のプレゼンス（存在感）の強化が重要だとの認識で一致。中国を念頭に日本に提唱し、トランプ前政権でも足並みをそろえた「FOIP」の実現に向け、連携していくことも確認した。北朝鮮問題では、完全な非核化に向け協力を推進することで一致。拉致問題では、首相が早期解決への理解と協力を求め、バイデン氏が支持を示したという。

　両首脳はそのほか、新型コロナ感染症対策や気候変動問題など国際社会共通の課題に連携して取り組むことを確認した。バイデン氏は4月にオンライン開催をする気候変動サミットに首相を招待し、首相は参加する方向で検討することを伝えた。今夏の東京オリンピック・パラリンピックをめぐっては、首相は記者団に「やり取りはなかった」と説明した（河合達郎、小野太郎、ワシントン＝大島隆）。


　以上の電話会談の中身は菅義偉首相とバイデン米大統領にとって都合のよい儀礼的な挨拶程度と言ってよい。事実、この日の朝日新聞のその他の記事をみると世界は次のように揺れ動いている。

　「ロシア全土デモ、拘束4000人超」（1面）、「EU脱退の英、TPP加盟へ参加」（同）。「ロシア強まる反プーチン」（3面）、「カンボジアのリアム海軍基地、中国、軍事利用計画か」（4面）、「北朝鮮経済改革の岐路」（7面記者解説）、「体制維持に回帰？」「米朝協議がカギ」（7面同記者解説）など、各国は苦境に立たされている。さらに朝日新聞朝刊1面（同年2月2日）は"ミャンマー軍がクーデター""「選挙不正」主張、スーチー氏ら拘束"と報道している。

　ちなみに東京新聞朝刊18面（2021年2月1日付）は"米軍機異例の低空飛行""沖縄・慶良間諸島訓練区域外、編隊で3回"の見出しで報道している。「異例の出来事で上空を脅かされ、住民たちは不安をかくせない」として次のように書いている（大平樹）。


　米軍の活動を監視する市民団体のリムピースの頼和太郎編集長は

「MC130Jはレーダーをかいくぐって物資などを運ぶのが任務。低空で山陰に隠れて飛ぶ訓練だったのだろう。下に船が通るような場所の上空を飛ぶのは危険だし、異例のことだ」と指摘する。そして頼和さんは「米軍側としては"訓練して何が悪い"という立場だろう。だが、航空法を守ると言っておきながら守らないのは、日本政府が舐められている証拠。政府として強く抗議をしなければ、区域外での低空飛行訓練がなし崩しに続いてしまう」と話した。

　続いて同じ3日後の東京新聞朝刊社会面（2021年2月4日付）は"サンゴ移植県敗訴""高裁那覇支部判決"の見出しで次のように報道した。「米軍普天間飛行場（沖縄県宜野湾市）に移設先、名護市辺野古の埋め立て予定海域で見つかったサンゴ礁の移植を巡り、防衛庁沖縄防衛局による特別採捕を許可するよう、農相が県に是正指示したのは違法だとして県が取り消しを求めた訴訟の判決で、福岡高裁那覇支部（大久保正道裁判長）は3日、請求を棄却した」。さらに同紙面は"反対派座り込みに2400日"の見出しと、沖縄名護市の米軍キャンプ・シュアブのゲート前で座り込んでいる人たちの写真を入れて次のように報道している。

　埋め立て現場に隣接する米軍キャンプ・シュワブで座り込みが始まったのは、辺野古沿岸部の海底ボーリング調査が始まった2014年7月。ゲート近くには今、反対派が拠点とするテントが並び、座り込みの日数と「不屈」と書かれた看板が立つ。
　土砂を積んだトラックは平日の午前9時と正午、午後3時頃にゲートを通る。今年1月19日正午ごろには、ミキサー車の前に20数人が座り込み、通行を阻んだ。県警は排除しようとすると、立ち上がって移動した。
　座り込みのまとめ役で、沖縄平和運動センターの山城博治議長（68）は「辺野古移設の完了見通しは立たない。追い込まれているのは日本政府の方だ」と指摘する。今後、埋め立て海域で見つかった軟弱地盤

の扱いを巡り、新たな法廷闘争が起きる可能性がある。

　山城氏は、政府が強引に地盤の改良工事に着手すれば「辺野古周辺だけでなく、県内全域で大規模な抗議行動が起こるだろう」と強調した。


　また朝日新聞朝刊1面（2021年2月5日付）は"女性は多い会議、時間かかる""森会長、発言撤回し謝罪"の見出しで次のように報道した。「東京五輪・パラリンピック大会組織委員会の森喜朗会長（83。元首相）は4日、記者会見を開き、3日の日本オリンピック委員会（JOC）臨時評議員会で女性を蔑視したと受け取れる発言をしたことについて、"深く反省している。発言は撤回したい"と謝罪した。会長職については"辞任しない"と述べた」

　さら同日の朝日新聞10面（社説）では、"森会長の辞任を求める"と見出しで次のような見解を述べている。「問われるのは森氏だけではない。発言があった際、出席していたJOCの評議員らからは笑いが起き、たしなめる動きは一切なかった。山下泰裕以下、同じ考えの持ち主と受け取られても言い訳できない。この問題はさっそく国会の質疑で取り上げられた。菅首相は"あってならない発言だ"と述べたものの森氏の進退については言及をさけた」

　東京新聞は東京五輪・パラリンピック大会組織委員長の森喜朗の女性蔑視発言について1面、2面、5面（社説・発言）、19面（スポーツ面）、20面（特報）、21面（同）、22面（社会）、23面（同）で"森会長蔑視発言""選手・識者・失望、批判""五輪への反発拡大""懲りない森氏""世界に顔向けできぬ""スポーツ界に根を張る""上から目線"等々の見出しで報道している。とくに21面の森氏の「日本は天皇と中心とする神国発言」は笑うに笑えない記事である。次に一部引用する。


　森氏は現役の政治家のころから、数々の失言や暴言で物議を醸してきた。底を流れる差別意識や「上から目線」は、今回と通じるものが

ある。首相就任後の同年（2000）5月には、神道政治連盟国会議員懇
談会で「日本は天皇を中心とした神の国」と述べた。天皇を中心とす
る戦前の国家主義をうかがわせ、現憲法が定める政教分離や国民主権
に反すると、激しい批判を浴びた。しかし6月の演説会では「（無党
派は）寝ていればいい」と、有権者を軽んじる発言をした。

　一連の発言で内閣支持率は急落、2001年2月世論調査では6.5%と
1桁を記録し、4月に退陣に追い込まれた。五輪組織委員会長に就任
した後の14年2月には、ソチ五輪で転倒した浅田真央さんを「大事
な時に必ず転ぶ」とくさし、ひんしゅくを買った。「五輪開催が不安
視され、菅政権も火だるま状態の中、こんな混乱を招くとは……。も
はや失言暴走老人だ」とあきれる。


　確かに森会長を中傷、揶揄した挙句、首を挿げ替えてどうする⁉　どう
にもならない。以上、新聞記事のあれこれを読むと、諸悪の根源は沖縄辺
野古の海埋め立てを容認している菅義偉首相にある。肝心なことは“自分
がされて嫌なことは、他人してはならない”モラルだ。

　であれば菅首相がいま第1番目にやるべきことは、沖縄県民が嫌だと
言っている辺野古のサンゴ礁の海の埋め立てを即刻中止することである。
その上で今夏のオリンピック・パラリンピック開催を中止して、コロナ対
策に集中するべきである。“モラル”で思い出したが、いま朝日新聞朝刊
に連載の先学の中西進（国文学者。1929−）が記者のインタビューに応え
た言葉が印象的だったので次に引用して本書の「おわり」としたい。


　　日本の歴史には、3つの大きな3つの転機があったと考えています。
「法」による国家をつくった十七条憲法の制定（604年）。「武力」によ
る支配が武家政権の誕生（1192年、源頼朝が征夷大将軍に）に始まり、
1945年の敗戦まで続きました。この敗戦を機に始まったのが、個人
の「モラル」が問われる時代です。──「モラルと聞くとちょっと
窮屈そうな気がします」と記者。

いえいえ、1人ひとりが主役になる時代ですよ。法や武力によって支配されるだけでなく、個人がそれぞれの規律をもって、個性を発揮することになるでしょう。研究生活の第3期は、このモラル問題に取り組むつもりです。〔朝日新聞朝刊（2021年2月5日付）24面（文化・文芸）〕

　日本古代国家形成の基礎が固まる時期の天武と草壁に仕え、“草壁・天武への挽歌”（『万葉集』）の柿本人麻呂を浮き彫りにした中西進氏の著作『柿本人麻呂』の功績は大きい。「誰が人と神の物語をつくったか」をテーマとする拙著『日本書紀と古事記』がさまようことなく完遂（かんすい）したのもこの本のおかげであることを読者諸氏にお伝えしておきたい。

　最後になったが、コロナ禍による厳しい経営状況のなか『日本古代史の正体』『天武天皇の正体』に続いて『日本書紀と古事記』の出版を受け入れて下さった塚田敬幸さんに心から感謝する次第です。

2021年3月末日

林　順治

参考文献

〔全般〕
『古事記』（日本古典文学全集）荻原浅校註・訳、小学館、1973 年
『日本書紀』（全 3 巻、新編日本古典文学全集 2）、小学館、1994 年


〔石渡信一郎の著作〕
『応神陵の被葬者はだれか』石渡信一郎、三一書房、1990 年
『日本書紀の秘密』石渡信一郎、三一書房、1992 年
『古代蝦夷と天皇家』石渡信一郎、三一書房、1994 年
『蘇我王朝と天武天皇』石渡信一郎、三一書房、1996 年
『ワカタケル大王の秘密』石渡信一郎、1997 年
『ヤマトタケル伝説と日本古代国家』石渡信一郎、三一書房、1998 年
『日本地名の語源』石渡信一郎、三一書房、1999 年
『百済から渡来した応神天皇』石渡信一郎、三一書房、2001 年
『日本神話と藤原不比等』石渡信一郎、信和書房、2012 年
『日本神話と史実』（上・下）石渡信一郎、信和書房、2012 年
『新訂・倭の五王の秘密』石渡信一郎、信和書房、2016 年

✢

『古事記伝』（全 4 巻）本居宣長、岩波文庫、1940 年
『八幡宮の研究』宮地直一、理想社、1951 年
『津田左右吉全集』（第 3 巻、日本上代史の研究）、岩波書店、1962 年
『騎馬民族国家』江上波夫、中公新書、1966 年
『遊牧騎馬民族国家』護雅夫、講談社現代新書、1967 年
『「おかげまいり」と「ええじゃないか」』藤谷俊雄、岩波新書、1968 年
『日本神話』上田正昭、岩波新書、1970 年
『隠された十字架』梅原猛、新潮社、1972 年
『神々の大系』上山春平、中公新書、1972 年
『続神々の大系』上山春平、中公新書、1975 年
『偽られた大王の系譜』鈴木武樹、1975 年
『古事記成立考』大和岩雄、大和書房、1975 年
『折口信夫全集』（第 1 巻、まれびとの意義）中公文庫、1975 年
『折口信夫全集』（第 9 巻、柿本人麻呂ほか）中公文庫、1976 年
『折口信夫全集』（『古事記』ほか）、中公文庫、1976 年
『天皇の祭祀』村上重良、岩波新書、1977 年
『日本の神々』平野仁啓、講談社現代新書、1982 年
『新版・卑弥呼の謎』安本美典、講談社現代新書、1983 年
『水底の歌』（上・下）梅原猛、新潮文庫、1983 年

『八幡信仰』中野幡能、塙書房、1985 年

「古代王権の歴史改作のシステム」（『東アジアの古代文化』45 号）、井原教弼、大和書房、1985 年

『天孫降臨の道』神垣外健一、筑摩書房、1986 年

『古事記と日本書紀』坂本太郎、吉川弘文館、1988 年

『柳田国男全集』（第 11 巻、妹の力、巫女考）ちくま文庫、1990 年

『古事記』倉野憲司、ワイド版岩波文庫、1991 年

『柿本人麻呂』中西進、講談社学術文庫、1991 年

『伊勢神宮の成立』田村圓澄、吉川弘文館、1996 年

『金光明経』壬生台舜、大蔵出版仏典講座、1997 年

『陰陽五行と日本の天皇』吉野裕子、人文書院、1998 年

『丸山真男講義録』（第 4 冊）丸山真男、東大出版会、1998 年

『日本書紀の謎と解く』森博達、中公新書、1999 年

『古代人と死』西郷信綱、平凡社、1999 年

『アマテラスの変貌』佐藤弘夫、法蔵館、2000 年

『本居宣長』子安宣邦、岩波現代文庫、2001 年

『律令貴族と政争』木本好信、塙書房、2001 年

『＜出雲＞という思想』原武史、講談社学術文庫、2001 年

『古事記と日本書紀』神野志隆光、講談社学術文庫、2002 年

『アマテラスの誕生』筑紫申真、講談社学術文庫、2002 年

『古事記注釈』（全 8 巻）西郷信綱、筑摩学芸文庫、2005 年

『「日本」とは何か』神野志隆光、講談社学術文庫、2005 年

『アマテラスの誕生』溝口睦子、岩波新書、2009 年

『水底の歌』（上・下）梅原猛、新潮文庫、1983 年

『三種の神器』種田智宏、学研新書、2007 年

『伊勢神宮と古代の神々』直木孝次郎、吉川弘文館、2009 年

『古事記を読みなおす』三浦佑之、ちくま新書、2010 年

『かぐや姫と王権神話』保立道久、洋泉社歴史新書、2010 年

『古事記誕生』工藤隆、中公新書、2012 年

『伊勢神宮の謎』種田智宏、学研パブリッシング、2013 年

『伊勢神宮と天皇の謎』武澤秀一、文春新書、2013 年

『古事記』（増補・新版）梅原猛、学研、2016 年

『古代天皇家と日本書紀 1300 年の秘密』仲島岳、WAVE 出版 2017 年

『日本書紀の誕生』遠藤慶太・河内春人・関根淳・細井浩太編著、八木書店、2018 年

『卑弥呼、衆を惑わす』篠田正浩、幻戯書房、2019 年

『ヤマト王権の古代学』坂靖、新泉社、2020 年

『建国神話の社会史』古川隆久、中公選書、2020 年

『歴史道 VOL.12』週刊朝日 MOOK、2020 年 11 月 20 号

『日本書紀神代の真実』伊藤雅文、ワニブックス、2020 年

『古事記と柿本人麻呂』斎木雲州、大元出版、2020 年

【著者略歴】

林 順治（はやし・じゅんじ）

旧姓福岡。1940年東京生まれ。東京大空襲の1年前の1944年、父母の郷里秋田県横手市雄物川町深井（旧平鹿郡福地村深井）に移住。県立横手高校から早稲田大学露文科に進学するも中退。1972年三一書房に入社。取締役編集部長を経て2006年3月退社。

著書に『馬子の墓』『義経紀行』『漱石の時代』『ヒロシマ』『アマテラス誕生』『武蔵坊弁慶』『隅田八幡鏡』「アマテラスの正体」『天皇象徴の日本と〈私〉1940-2009』『八幡神の正体』『古代7つの金石文』『法隆寺の正体』『日本古代国家の秘密』『ヒトラーはなぜユダヤ人を憎悪したか』「『猫』と「坊っちゃん」と漱石の言葉』『日本古代史問答法』『沖縄！』『蘇我王朝の正体』『日本古代国家と天皇の起源』（いずれも彩流社）、『応神＝ヤマトタケルは朝鮮人だった』『仁徳陵の被葬者は継体天皇だ』（河出書房新社）、『日本人の正体』（三五館）、『漱石の秘密』『あっぱれ啄木』（論創社）、『日本古代史集中講義』『「日本書紀」集中講義』『干支一運60年の天皇紀』『天皇象徴の起源と〈私〉の哲学』『改訂版・八幡神の正体』『日本古代史の正体』『天武天皇の正体』（えにし書房）。

日本書紀と古事記
誰が人と神の物語をつくったか

2021年 6月10日 初版第1刷発行

■著者　　　林　順治
■発行者　　塚田敬幸
■発行所　　えにし書房株式会社
　　　　　　〒102-0074 東京都千代田区九段南1-5-6 りそな九段ビル5F
　　　　　　TEL 03-4520-6930　FAX 4520-6931
　　　　　　ウェブサイト　http://www.enishishobo.co.jp
　　　　　　E-mail　info@enishishobo.co.jp

■印刷／製本　株式会社 厚徳社
■装幀／DTP　板垣由佳
ⓒ 2021 Junji Hayashi　ISBN978-4-86722-102-0 C0021

# えにし書房　林順治の古代関連書

## 日本古代史集中講義　天皇・アマテラス・エミシを語る
林 順治 著　四六判 並製／定価 1,800 円＋税　ISBN978-4-908073-37-3 C0021

日本国家の起源は？ 日本人の起源は？ そして私の起源は？ 古代史の欺瞞を正し、明確な答えを導き出しながら学界からは黙殺される石渡信一郎氏による一連の古代史関連書の多くに編集者として携わり、氏の説に独自の視点を加え、深化させたわかりやすい講義録。新旧2つの渡来集団による古代日本国家の成立と、万世一系神話創設の過程から、最近の天皇退位議論までを熱く語る。

## 『日本書紀』集中講義　天武・持統・藤原不比等を語る
林 順治 著　四六判 並製／定価 1,800 円＋税　ISBN978-4-908073-47-2 C0021

『日本書紀』の"虚と実"を解明する！ 驚くべき古代天皇の系譜を紐解き、さらに壬申の乱（672 年）はなぜ起こったのか。藤原不比等がなぜ『日本書紀』において、蘇我王朝三代の実在をなかったことにしたのか、という核心的謎に迫る。孤高の天才石渡信一郎の「古代日本国家は朝鮮半島からの新旧二つの渡来集団によって成立した」という命題に依拠した、好評の古代史講義シリーズ第 2 弾。

## 干支一運 60 年の天皇紀　藤原不比等の歴史改作システムを解く
林 順治 著　A5 判 並製／定価 2,000 円＋税　ISBN978-4-908073-51-9 C0021

仮に旧王朝の編年体の史書が発見されたものと仮定する。これをバラバラにし、多くの"天皇紀"に記事を分散配置して新王朝の"万世一系の歴史"を作ろうとする場合、それがいずれも 60 通りの干支を包含した干支一運の天皇紀であれば、旧王朝の史書のどの年度の記事であろうと、希望の天皇紀に該当する干支のところに放り込める。干支一運の天皇紀は"歴史改作のシステム"なのである。

## 〈新装改訂版〉八幡神の正体　もしも応神天皇が百済人であるならば
林 順治 著　A5 判 並製／定価 2,000 円＋税　ISBN978-4-908073-58-8 C0021

八幡神こそ日本の始祖神だった！ 全国の神社の半数を占めるほどの信仰を集めながらなぜ『記紀』に出てこないのか？ アマテラスを始祖とする万世一系物語の影に隠された始祖神の実像に迫り、天皇家、藤原家から源氏三代、現在に至る八幡神信仰の深層にある日本古代国家の起源を明らかにする。2012 年の初版（彩流社刊）を新装しわかりやすく大幅改訂。

## 天皇象徴の起源と〈私〉の哲学　日本古代史から実存を問う
林 順治 著　四六判 並製／定価 2,000 円＋税　ISBN978-4-908073-63-2 C0021

天皇制の起源を、石渡信一郎による一連の古代史解釈にフロイト理論を援用、単なる史実解明を超えた独自理論から明らかにする。自身の内的葛藤と古代日本国家の形成過程がシンクロし、日本及び日本人の心性の深奥に分け入る稀有な歴史書。天皇の出自から藤原不比等による記紀編纂事業による神話形成、明治維新と敗戦による神話の再形成・利用過程から現在まで、天皇万世一系神話の核心を衝く。

## 日本古代史の正体　桓武天皇は百済人だった
林 順治 著　A5 判 並製／定価 2,000 円＋税　ISBN978-4-908073-67-0 C0021

韓国との"ゆかり"発言から 18 年。令和を迎えた今、改めて天皇家の出自を問う。『干支一運 60 年の天皇紀』『〈新装改訂版〉八幡神の正体』に続く「朝鮮半島から渡来した百済系渡来集団による日本古代国家成立」（石渡信一郎の仮説）を主軸にした古代日本国家の成立＝天皇の起源・系譜を問う"日本古代史特集"。

## 天武天皇の正体　古人大兄＝大海人＝天武の真相
林 順治 著　A5 判 並製／定価 2,000 円＋税　ISBN978-4-908073-76-2 C0021

日本古代国家成立の謎を解く上で、大きなカギとなる天武天皇の正体を明らかにする！
虚実入り混じる『日本書紀』の分身・化身・虚像・実像を、石渡説を援用しながら、当時の国際情勢を交えて丁寧に整理し、大王蘇我馬子の娘法提郎媛を母にもつ天武天皇は古人大兄＝大海人皇子と同一人物であることを明快に解き明かす新説。